上海市档案馆　杨浦区档案馆　编

人民的城市

的

城市

档案里的城市记忆

杨浦卷

中国出版集团　东方出版中心

图书在版编目（CIP）数据

人民的城市：档案里的城市记忆．杨浦卷／徐未晚
主编．-- 上海：东方出版中心，2024.10. -- ISBN
978-7-5473-2557-5

I. F299.2

中国国家版本馆 CIP 数据核字第 2024LP2792 号

人民的城市——档案里的城市记忆（杨浦卷）

主　　编　徐未晚
编　　者　上海市档案馆　杨浦区档案馆
丛书筹划　刘佩英
责任编辑　肖春茂
装帧设计　钟　颖

出 版 人　陈义望
出版发行　东方出版中心
地　　址　上海市仙霞路345号
邮政编码　200336
电　　话　021-62417400
印 刷 者　上海丽佳制版印刷有限公司

开　　本　710mm×1000mm　1/16
印　　张　17.5
字　　数　205千字
版　　次　2024年10月第1版
印　　次　2024年10月第1次印刷
定　　价　78.00元

人民的城市——档案里的城市记忆
（杨浦卷）
编委会名单

总序

　　2019 年 11 月，习近平总书记在考察上海期间提出"人民城市人民建，人民城市为人民"重要理念，深刻揭示了中国特色社会主义城市的人民性，深刻阐明了城市建设发展依靠谁、为了谁的根本问题，深刻回答了建设什么样的城市、怎样建设城市的重大命题。2022 年 10 月，"坚持人民城市人民建，人民城市为人民"被写入党的二十大报告，这是以习近平同志为核心的党中央在全面建设社会主义现代化国家新征程上作出的重大战略部署，是推进人民城市建设、提升城市治理水平的根本遵循和行动指南。2023 年 11 月，习近平总书记在考察上海期间指出："把增进民生福祉作为城市建设和治理的出发点和落脚点，把全过程人民民主融入城市治理现代化，构建人人参与、人人负责、人人奉献、人人共享的城市治理共同体，打通服务群众的'最后一公里'，认真解决涉及群众切身利益的问题。"2024 年 7 月，党的二十届三中全会把"人民城市"重要理念作为深化城市建设、运营、治理体制改革，加快转变城市发展方式的指导性理念。

　　上海是党的诞生地，也是新时代向世界展示中国式现代化建设的窗口城市。"人民城市"重要理念的提出，赋予了上海建设新时代人民城市的新使命。2020 年 6 月，上海召开十一届上海市委九次全会，审议通过了《中共上海市委关于深入贯彻落实"人民城市人民建，人民城市为人民"重要理念，谱写新时代人民城市新篇章的意见》，对加快建设具有世界影响力的社会主义现代化国际大都市作出全面部署。2024年7月，十二届上海市委五次全会提出"健全人民城市最佳实践地建设政策体系"的重大任务。

上海这座城市见证了时代的变迁，也印证着城市因人民而生，因人民而兴，为人民建设和发展的历程。上海市档案局（馆）期冀联合相关区档案局（馆）编撰出版《人民的城市——档案里的城市记忆》系列丛书，以行政区划为单元，以历史演进为脉络，聚焦上海各区域中具有典型性与代表性的城市地标、建筑景观和人物事件，从档案视角图文并茂地展示上海深入践行"人民城市人民建，人民城市为人民"重要理念，展现党为了人民、依靠人民，推进人民城市建设的生动实践与丰硕成果，用档案追寻上海发展变迁的珍贵城市记忆，诠释上海建设人民城市的非凡业绩和动人篇章，进一步发挥好档案资政育人的积极作用。

编　者

2024年8月

前言

　　杨浦滨江，是杨浦区内毗邻黄浦江的岸线地段，沿江岸线长15.5公里，是上海中心城区最长的沿江岸线。其南段滨江西起秦皇岛路、东至定海路桥、北至平凉路、南至黄浦江，岸线长5.5公里。中北段滨江南起定海路桥，北至杨浦、宝山区界，岸线长10公里。其中，中段滨江（复兴岛），南起定海路桥、北至翔殷路、西至军工路、东至黄浦江，是上海中心城区唯一的内陆岛；北段滨江南起翔殷路、北至杨浦、宝山区界、西至军工路、东至黄浦江。

　　这片面积为15.6平方公里的土地，是近代上海乃至中国工业的重要发源地之一，曾经诞生过我国第一家自来水厂、第一家煤气厂、第一家机器棉纺织工厂、远东最大火力发电厂等，被联合国教科文组织称为"世界仅存最大的滨江工业带"。这里是工人运动的发祥地之一，留下了中国共产党人"初心启航"的红色印记。这里担负着上海教育事业发展与市政基础设施建设的重任，积淀着深厚的历史文化底蕴。这里的人民经历过被压迫、被剥削的苦难岁月，但绝境中的他们从未畏惧退缩，在中国共产党带领下团结奋起、英勇斗争，在艰难处境中殚精竭虑、锐意革新，不仅让这片热土重回人民怀抱，而且在工业、市政、教育等领域逐步开创新局面，谱写出可歌可泣的历史篇章。

城市是人民的城市。黄浦江孕育了上海的繁华，见证了城市的变迁，但"临江不见江"曾是许多生活在杨浦滨江地区的市民心中的遗憾。2002年，上海启动黄浦江两岸地区开发，这也拉开了杨浦滨江转型升级的序幕，推动了杨浦工业遗存的转化利用，使这片土地重新焕发光彩。如今，老厂房与新景观在这里深度交融，老工业区变成了国际一流的亲水空间、人民乐园，昔日的"工业锈带"华丽转身为"生活秀带"，真正实现了还江于民、还岸于民，成为上海践行"人民城市"重要理念，努力建设属于人民、服务人民、成就人民的美好城市的真实写照。

今年是"人民城市"重要理念提出五周年。上海市档案局（馆）和杨浦区档案局（馆）聚焦"人民城市"重要理念的首发地——杨浦滨江，联合编撰出版《人民的城市——档案里的城市记忆》系列丛书的首卷本"杨浦卷"，具有十分重要的意义。本书通过挖掘档案史料，沿循历史脉络，反映从上海开埠到建党初期、至中华人民共和国成立、再到杨浦滨江开发建设这几个时期中，杨浦滨江地区市政建设、工业发展、工人运动以及教育事业的发展历程，全面记录杨浦滨江"百年大学""百年工业""百年根脉""百年市政"的历史积淀与时代变迁，充分展示其在人民城市建设过程中的鲜活实践与卓著成效。

人民与城市始终相存相依、相互成就。通过编撰本书，我们希望引导广大读者更加深刻领悟"人民城市"重要理念的丰富内涵和时代要求，更加深切感受人民城市给人民带来的获得感、幸福感和安全感。在"人民城市"重要理念的引领下，杨浦滨江人民将切实担负起建设新时代人民城市的光荣使命，将人民城市新实践的步伐迈得更加坚实有力，进一步彰显上海这座光荣之城、人民城市的鲜明本色。

编　者

2024 年 8 月

目 录

第一章

萌 发

第一节　引　言

　　自上海开埠后至1900年，杨浦滨江地区在租界几次越界筑路扩张后，成为公共租界东区。一百多年前，这里开始有了工厂，公用事业建设兴起，大学孕育而生。

　　早先，滨江沿江多有芦苇丛生的滩地，无主荒地也不鲜见，土地售价便宜且易于获取。由于沿江地段靠海，距离吴淞口码头仅16公里，距老城厢及租界中心距离也不远，地理位置优越，水上运输便利，故成为投资设厂的黄金地段。从19世纪80年代起，洋务运动中的官督商办企业、英美德日等外商企业、民族资本企业纷至沓来办厂，这些企业具有成立时间早、行业分布广、数量多等特点。它们中有中国第一家机器造纸企业——上海机器造纸局，国内最早的机器棉纺厂——上海机器织布局，沪上规模最大的棉纱厂——怡和纱厂等，当时在远东都是首屈一指。

　　19世纪末，发达资本主义国家改变了在华投资方式，由商品输出改为资本输出。进入20世纪后，滨江地区的工业迎来了高速发展的黄金时代，中外资本竞相投资开办工厂、兴办实业。不少企业一度飞速成长，比如，中国肥皂公司和英美烟厂在各自行业都处于垄断地位，在中国市场销量一度占据七八成份额。这股浪潮一直延续到抗日战争全面爆发。至20世纪30年代末期，杨浦滨江已有各类工业企业三百多家，涉及纺织、造纸、制药、制皂、烟草、造船、有色金属、机器制造等行业，创造了许多中国工业的"第一"。

伴随着滨江地区众多企业的兴建，市政建设的需求也逐步旺盛。

1911年，工部局电气处在杨树浦兴建江边发电站，即杨树浦发电厂的前身，后发展成远东最大的发电站。1932年，杨树浦煤气厂开始建设，两年后建成投产。20世纪30年代末，杨树浦水厂也不断扩建，占地面积增加了三倍，成为远东第一大水厂。上述这些公用设施的建成，不仅为杨浦滨江地区的工业企业提供支持，更在很长一段时间内，成为支撑整个上海社会经济发展和人民生活的命脉。

资方大量投入后，还要靠劳方的辛勤付出。大量企业建成后，招收了许多当地或者外来的贫民，其中尤以苏（江苏）、浙（浙江）、皖（安徽）籍人员居多。

"若要苦，杨树浦。"在1919年，杨浦滨江地区就有工人20万，占上海全市产业工人总数的三分之一、全国工人总数的十分之一。杨浦滨江地区成为上海工人阶级最集中的区域，工人们为杨浦滨江的早期发展作出了重要贡献。但他们并不是这里的主人，他们资薪待遇低下，劳动条件严苛，生存环境恶劣，类似于作家夏衍笔下的"小福子""小珍子""芦柴棒"不在少数。这些人物的原型，是夏衍实地走访滨江地区的纱厂，与有关人员亲身接触后记录下来的。

1937年8月13日，淞沪会战爆发，杨浦区域内许多工厂遭到战火的破坏，被迫停产、内迁，留下的企业则落入日军之手，大多艰难维持。抗战胜利后，厂方和工人们原以为可以获得喘息，有机会重整旗鼓，不料国民党政府腐败不堪，接收变成了"劫收"，复兴之路步履蹒跚。

同时，杨浦滨江地区也是"百年大学"办学历程的重要发端之一。

坐落在杨浦滨江地区的沪江大学原名上海浸会大学，1906年创建，校址位于军工路。1915年，沪江大学的葛学溥组织了一个面向贫民、实施慈善救济活动的"社会服务团"，以期改正社会不良风气。1917年，服务团在杨树浦路1509号设立社区服务机构"沪东公社"（The Yangtze-poo Social Center），它是中国最早的社区服务机构，且一直活跃到上海解放之初。1929年，沪江大学顺利获得批准，成为沪上第一所教会大学。该校涌现出了刘湛恩等优秀教育家、爱国志士和社会活动家。

上海市立吴淞水产专科学校，其办学也颇有水准和特色。该校的前身为江苏省立水产学校，在"一·二八"事变和淞沪会战中校舍被毁，抗日战争期间迁至重庆合川。渔业关乎民生，渔业急需专门人才。1947年6月，该校经批准在复兴岛复办，定名为上海市立吴淞水产专科学校，此后为中华人民共和国培养渔业专业人才奠定了基础。

第二节　公用事业

一、上海自来水公司杨树浦水厂

上海自来水公司杨树浦水厂是中国第一座现代化水厂，也曾是远东地区历史最久、供水量最大、设备最先进的大型水厂。作为近代中国城市供水的起点，它推动了上海的城市化和现代化进程。水厂位于今杨树浦路830号，南濒黄浦江，占地12.9万平方米。

该厂的前身可追溯到1875年（光绪元年）英商立德洋行在黄浦江边开设的供水公司及其建成的小型自来水厂（在水厂现址南部），由于经营不善等原因，该公司水厂全部土地设备于1881年和1883年先后分两次出售给英商上海自来水有限公司（成立于1880年11月2日）。收购了立德洋行的水厂之后，英商上海自来水有限公司投入巨资建造杨树浦水厂，并先后在香港路、新闸路各建成水塔一座，在胶州路建成水库唧站一座。

上海自来水公司杨树浦水厂由英籍工程师赫德（J. W. Hart）设计，耶松公司等外商承包施工，初期占地111亩（7.39万平方米），主要设备及管道材料由英国制造。设计生产能力为日供水量150万加仑（6 818立

图1-1　19世纪90年代上海自来水公司杨树浦水厂全景（来源：
《杨浦百年史话》，第4页）

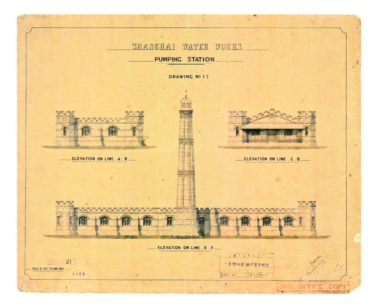

图1-2　上海自来水公司杨树浦水厂厂房设计图（来源：《城市记
忆：上海历史发展档案图集》，第28页）

方米），生产流程为潮汐进水，慢滤池过滤，蒸汽机出水。1881年动工兴建，1883年竣工，同年8月1日正式对外供水。第一年总出水量1.245亿加仑（56.6万立方米），平均日出水量3 698立方米。

此后，上海自来水公司杨树浦水厂经历了数次改扩建，至20世纪30年代末占地面积扩大到386亩（25.7万平方米），形成以杨树浦路为界的南北两大厂区，主要净水设施有沉淀池7座、快滤池3组（24格）、慢滤池26座、清水池5座，日供水能力达40万立方米。水厂经过长期经营，制水设备、输水管道、生产技术、生产规模及经营管理等都已达到相当高的水平，逐渐发展成为当时远东第一大水厂。

1941年太平洋战争爆发后，上海自来水公司杨树浦水厂被侵华日军接管，由日伪"华中水电公司"经营。日伪时期，水厂平均日供水量从

图1-3　风格独特的城堡式水厂老大门（来源：《世纪杨浦》，第32页）

图1-4　上海自来水公司杨树浦水厂厂区（1）（来源：《世纪杨浦》，第33页）

图1-5　上海自来水公司杨树浦水厂厂区（2）（来源：《世纪杨浦》，第33页）

太平洋战争前的24.46万立方米降至17.43万立方米。抗日战争胜利后，于1946年5月归还英商上海自来水公司继续经营。到1949年上海解放时，杨树浦水厂平均日供水量27.14万立方米，最大日供水量31.46万立方米，生产能力为日供水量41万立方米。

二、上海电力公司杨树浦电厂（江边电站）

上海电力公司杨树浦电厂位于今杨树浦路2800号，南濒黄浦江，占地13.48万平方米。杨树浦电厂原名"江边电站"（Riverside Power Station），最初隶属于上海公共租界工部局电气处。20世纪初，由于上海工商业不断发展，工部局电气处原来经营的电站无扩展余地，原有的发电能力已不能满足日渐增长的用电需求。1908年，工部局电

图1-6　1918年江边电站全景（来源：1918年《上海公共租界工部局年报》）

气处选址杨树浦沈家滩，购地39亩（25 740平方米）建设新的发电厂，取名江边电站。1911年9月开工，工程总设计由帕里斯·卡丢公司担任，土建工程由新和记营造厂得标兴建，后改由裕长泰营造厂承包，设备安装由供货外商承担。1913年4月12日，江边电站建成发电。

　　后经多次扩建，至1923年，江边电站发电设备有锅炉26台、汽轮发电机组12台，总设备容量超过12.1万千瓦，成为当时远东最大的火力发电厂。至1928年，江边电站总设备容量为16.1万千瓦（其中4万千瓦机组尚未投入运营），年发电量58 913万千瓦时，最高负荷11.2万千瓦。

图1-7　1923年江边电站汽轮发电机房（来源：1923年《上海公共租界工部局年报》）

图1-8　1926年江边电站（来源：《杨浦百年史话》，第13页）

1929年8月8日，公共租界工部局将包括江边电站在内的电气处全部资产售给成立于1929年5月的美商上海电力公司。至1936年，江边电站总设备容量增至18.35万千瓦，发电量达8.71亿千瓦时。

图1-9　20世纪30年代上海电力公司江边电站外景（来源：《杨浦百年史话》，第5页）

1941年太平洋战争爆发后，江边电站被日军占领作为敌产实行军事管理。1944年7月起，由日伪"华中水电公司上海电气分公司"接管，江边电站的英美籍人员被日军关押，生产管理工作则由中国人员取代，部分设备被日本人拆走。此后，江边电站又遭到美军飞机数次轰炸，部分设备被炸坏，供电能力骤降。1945年，发电量降至2.98亿千瓦时。

抗战胜利后，日伪"华中水电公司"于1945年9月被国民政府经济部接收，之后江边电站归还美商上海电力公司继续经营，设备经过整修，发电能力得到恢复。至1948年，江边电站有欧美各国制造的锅炉23台、汽轮发电机组15台，总设备容量为19.85万千瓦，年发电量10.42亿千瓦时，分别占全市的78%和81%。上海解放前夕，美商上海电力公司职工在中国共产党领导下，开展护厂斗争，完整地保护了设备并正常向全市供电。

三、闸北水电公司（闸北水厂、闸北电厂）

闸北水电公司创立于1911年10月27日，原址在苏州河畔的闸北潭子湾，具体位置在新大桥路（今恒丰路）到底的广肇公所北首，购田16亩，建筑厂房，装置水、电两项机器。该公司最初为官商合办性质，至1914年4月改为官办，由江苏实业厅接管，并改名为"省立上海闸北水电厂"。至1924年8月4日，又改为商办，并恢复原名。闸北水电公司改为商办之后，在黄浦江畔的殷行镇钱家浜剪淞桥[①]附近（军工路闸殷路口）先后购地150亩建造新的水厂和电厂。

[①] "剪淞"一词取自杜甫诗《戏题王宰画山水图歌》中的"焉得并州快剪刀，剪取吴淞半江水"一句。剪淞桥现名军工路二号桥。

图1-10　闸北水电公司水厂远眺（来源:《十年来上海市公用事业之演进》，第12页）

新水厂（净水厂）厂址位于今闸殷路66号，占地3.9万平方米。新水厂聘请德商罗德洋行设计，土建工程由泰昌建筑公司承包，上海水电材料公司排管。生产工艺采用传统混凝沉淀池，快滤池过滤，江心进水，电动唧机唧水，设计日生产能力1 200万加仑（5.45万立方米）。1926年7月开工，1928年2月建成，同年5月对外供水。新水厂的进水间（取水口）和净水厂分两地布置，进水间（取水口）位于黄浦江中心线上，距离滩岸一百多米，水质比苏州河好得多；净水厂位于钱家浜闸殷路桥南，厂内的十多座澄凝池、快滤池、清水池均为钢筋水泥建筑，而出水间、办公室、化验室等则为雕梁画栋、飞檐翘角的中国宫殿式建筑，水塔立面亦是中国八角古塔形状。

新水厂投产后，供水量逐年上升，1928年平均日供水量2.24万立方米，1930年最大日供水量4.58万立方米，1935年最大日供水量达6.29万立方米，超过设计能力15%。1936—1937年续建第二期工程，由泰昌建筑公司承包，卢新记营造厂排管，竣工后生产能力达日供水量9.46万立方米。

图1-11　闸北水电公司水厂进水间（来源：《十年来上海市公用事业之演进》，第20页）

淞沪会战爆发后，因地处战区，设备受损，营业衰落，闸北水电公司无法维持，大部分人员一度被遣散。水厂被日伪侵占，于1938年改名为"华中水电公司北部水道支店"。在日伪占领时期，水厂设备不仅维护极差，而且损失不小，平均日供水量降至3万立方米左右。抗战胜利后，被日伪侵占的闸北水电公司于1945年9月由国民政府上海市公用局接收，1946年5月发还原业主经营。至上海解放时，平均日供水量为4.75万立方米。

新电厂（闸北发电厂）厂址位于今军工路4000号，东沿黄浦江，占地21.76万平方米。1928年9月开工，由建兴打桩公司打桩、洽兴营造厂建造，1930年7月竣工，同年12月向外供电。因锅炉容量不足，发电最高负荷仅为1.05万千瓦。1931年发电0.44亿千瓦时。1932年2月因出厂线路在"一·二八"事变中遭日军炮轰毁坏而停止发电，到8月才恢复运行。1932—1936年，逐步添置锅炉和发电机等设备，至1936年12月，全

图1-12 闸北水电公司电厂全景（来源：《十年来上海市公用事业之演进》，第39页）

图1-13 闸北水电公司电厂汽轮发电机（来源：《十年来上海市公用事业之演进》，第46页）

厂拥有汽轮发电机组4台、锅炉7台，发电设备容量3.45万千瓦，成为上海民营电气事业中发展最快、容量最大的电厂，当年发电0.96亿千瓦时。

淞沪会战爆发后，电厂被日伪侵占，于1938年改名为"华中水电公司北部分公司"。在日伪占领时期，电厂设备严重超负荷运行，还曾几次发生伤亡事故，至抗战胜利时，设备已严重损坏，无法发电。被日伪侵占的电厂发还闸北水电公司后，设备经修复投入运营，1946年发电最高负荷仅为8 000千瓦。上海解放前，全厂职工在中国共产党的领导下，积极开展护厂斗争，迫使国民党军队残兵近2 000人缴械投降，使发电设备免遭破坏。

四、上海煤气公司杨树浦工场（杨树浦煤气厂）

上海煤气公司杨树浦工场即杨树浦煤气厂，位于今杨树浦路2524号，南临黄浦江，北靠杨树浦路，占地约9.1万平方米。

煤气在中国旧称"自来火"，在上海从事煤气生产供应的第一家企业是英商大英自来火行（又称大英自来火房），成立于1864年，厂址设在苏州河南岸泥城浜（今西藏中路）以西，靠近新垃圾桥（今西藏路桥），1865年开始供应煤气。该企业于1900年改组为英商上海自来火股份有限公司（又称上海大英自来火有限公司）。

煤气灯被电灯取代之后，煤气主要用途从公共照明燃料转向家庭使用热源，煤气用量由此大增。由于供不应求，为扩大生产能力，上海自来火公司在杨树浦路格兰路（今隆昌路）口购买了一块黄浦江滩地用于建造新的煤气厂，厂区最初占地33.32亩（约2.2万平方米），1932年11月动工兴建，1934年2月8日建成投产，一座制气设备先进的现代化煤气厂初具规模。

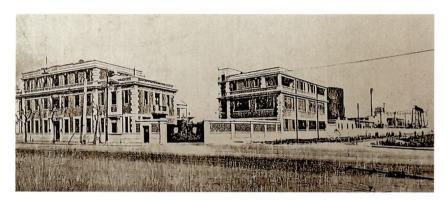

图1-14　上海自来火公司杨树浦新厂南、北办公楼（来源：《杨浦百年史话》，第19页）

建厂时主要制气设备有伍德型82英寸（约为208.28厘米）连续直立式炭化炉（CVR）1组30孔，并配备有直径1.7米增热水煤气炉2台及相应的净化回收装置和煤气压排送系统等辅助设施，设计日生产能力为11.3万立方米，实际日生产能力为5.9万立方米。杨树浦新厂建成投产之后仅过了一个月，西藏路老厂便全部停产。

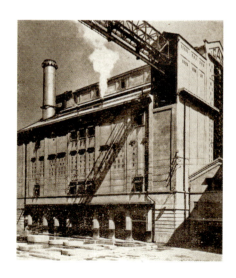

图1-15　上海自来火公司杨树浦新厂煤气蒸馏间外景（来源：《十年来上海市公用事业之演进》，第105页）

图1-16 上海自来火公司杨树浦新厂煤气压送机（来源：《十年来上海市公用事业之演进》，第107页）

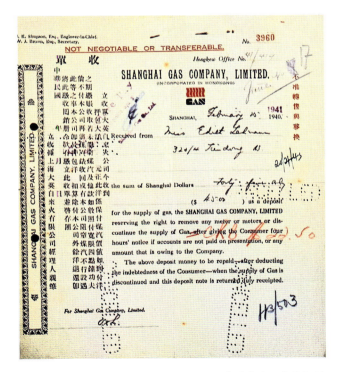

图1-17 上海自来火公司用气收款凭单（来源：《世纪杨浦》，第31页）

1941年太平洋战争爆发后，英商上海自来火公司被侵华日军作为敌产实行军事管理，至1942年3月，上海自来火公司被日伪"大上海瓦斯株式会社"（又称"大上海瓦斯股份有限公司"）接管。抗战胜利后，上海自来火公司于1945年9月发还英商继续经营。战后英商上海自来火股份有限公司的中文名称改为英商上海煤气股份有限公司，杨树浦新厂又称杨树浦工场。至1949年上海解放时，上海煤气公司杨树浦工场的日输气量为9.3万立方米，煤气管线总长度为414公里，服务的家庭用户有1.74万户，工业和其他用户有1298户，当时的民用煤气普及率为2.1%。

第三节　工　业

一、大康纱厂

大康纱厂最初隶属于大日本纺织公司，位于腾越路195号，共有2个纱厂2个布厂，占地面积9.27万平方米。第一纱厂于1920年筹建，翌年建成，同年建第二纱厂。1933年建造第一布厂，翌年再建第二布厂。至1941年底，共有纱锭11.8万枚，线锭4.3万枚，织机1 418台（包括帆布织机50台）。1941年太平洋战争爆发后，大康第一纱厂拆毁6万枚纱锭供日军制造军火。抗日战争后期，美

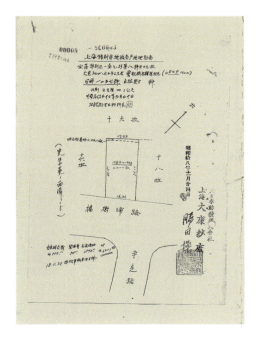

图1-18　大康纱厂购买土地地图（来源：上海市档案馆藏）

机三次轰炸重创大康纱厂。抗日战争胜利后，大康纱厂由国民政府经济部接收，时有纱锭4.68万枚，线锭6 400枚，织机722台。1946年1月，改名中国纺织建设公司上海第十二纺织厂，主要生产20支和21支立马牌棉纱和12磅细平布、400号哗叽、10号帆布，商标为五福集祥牌，生产的乌纱亦很有名。

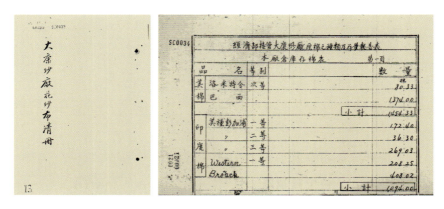

图1-19　中国纺织建设公司上海第十二纺织厂接收大康纱厂原物料清册（来源：上海市档案馆藏）

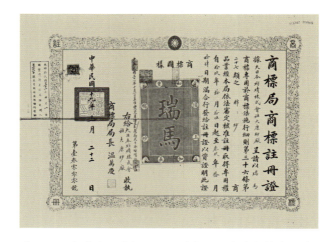

图1-20　大康纱厂商标注册证（来源：上海市档案馆藏）

二、裕丰纱厂

裕丰纱厂，系日商大阪东洋株式会社在上海早期开办的纱厂。1914年日商大阪东洋株式会社选择杨树浦路2866号为建厂基地，由日本人平野勇造设计，1922年动工建厂，至1935年全部竣工。

工厂占地面积12万平方米，建筑面积14.8万平方米，分南北两部。南部的四个分厂分别建于1922年至1934年，都是锯齿形平屋，其中除第一厂建厂较早为砖木结构外，其余三个厂均采用钢架钢柱。北部工厂又称北厂，建于1935年，是一座两层封闭式的厂房。底层纺纱车间是钢筋混凝土框架结构，上层织布车间是钢柱钢桁架式结构。车间内的管道设在天花板内和地下，屋顶的结构较特殊，屋面铺钢筋混凝土预制板，上面开许多采光的小天窗，天窗装磨砂玻璃。车间的采光、通风、温湿度由人工控制，是旧中国少数有喷淋送风装置的车间之一。

1942年，裕丰纱厂收买了"东洋纺"毛纺锭3.5万枚，兼营毛纺业。同年，拆毁部分纺锭、织机供日军制造军火。

裕丰纱厂主要产品为20支、32支仙桃牌棉纱及龙头牌23×21支细布和细斜纹布。

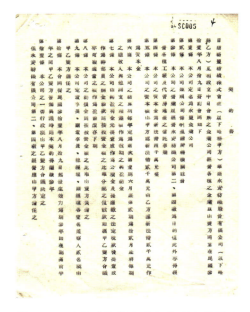

图1-21 日伪时期裕丰纺织株式会社强迫永丰合作的契约（来源：上海市档案馆藏）

其中龙头细布是裕丰纱厂于1932年开发生产的纯棉平布织物，因其注册商标为"龙头"，故称龙头细布。龙头细布风格独特，布面细洁丰满，质地厚实，色呈奶白，且越洗越白。由于质地优良，龙头细布被广泛用作内衣衫裤、被里布，坯布可加工成各种色布、印花布、漂白布，在市场上一直保持畅销。

抗日战争胜利后，裕丰纱厂由中国纺织建设公司接管，更名为上海第十七纺织厂（上纺十七厂）。通过整修设备、调整产品结构，并沿用裕丰厂的经营原则和管理制度，使产品保持原有的特色和质量水平。1945年至中华人民共和国成立前夕，龙头细布的生产处于全盛时期，全厂2 780台织机的70%生产龙头细布，产品畅销国内外。由于该产品为当时人们生活的必需品，中华人民共和国成立前夕物价飞涨，曾把龙头细布每尺价格作为测算"生活指数"项目之一。

三、英商怡和纱厂

英商怡和纱厂，1896年由怡和洋行投资50万银两创建，翌年5月开工生产。初创时，有纺锭4万枚，职工700余人。

1921年3月，与同属怡和洋行的杨树浦纱厂、公益纱厂合并成为怡和纺织股份有限公司。合并后，纺锭逐步增至16.3万枚，织机增至2 000余台，职工达7 000余人。

1930—1935年，英商见毛纺织品有利可图，逐步缩小棉纺生产，增设毛纺、毛织和染整各部，生产绒线和毛织品。至1940年，怡和纱厂资本总额达1 069万银元，获净利润1 626万银元，资本利润率高达152%。

1941年太平洋战争爆发后，怡和纱厂受在华日本纺织同业会监管，工人被解雇，大部分机器拆至日军管辖的工厂。日军投降前夕，将工厂部分机器击毁充为军火材料。

抗日战争胜利后，国民政府经济部接管该厂，将所有财产无条件移交怡和洋行。英商就此厂向日本政府索赔400万英镑，并从原日商工厂寻回2万余枚棉纺锭，于1946年11月陆续复工。其时有毛纺锭5 280枚，主要产品有毛精纺哔叽、华达呢等。

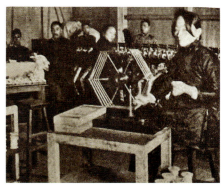

图1-22　怡和纱厂兰龙牌纺纱车间（来源:《百年工业看杨浦》）

图1-23　怡和纱厂工人上班时的场景（来源:《百年工业看杨浦》）

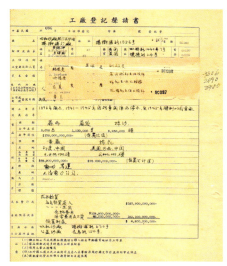

图1-25　英商怡和纱厂股票（来源:上海市档案馆藏）

图1-24　上海市社会局工厂登记声请书——怡和纱厂股份有限公司杨树浦纱厂（来源:上海市档案馆藏）

图1-26　英商怡和纱厂（来源：《跟着档案看上海》）

四、英商中国肥皂股份有限公司

　　1923年，英国联合利华有限公司在华注册中国肥皂股份有限公司（简称"中国肥皂公司"），并筹建新厂。在此之前，联合利华公司已经盘下地处劳勃生路（现长寿路）的英商白利士厂，将其改为兼制肥皂和矿烛，生产的肥皂有"祥茂""北忌""绍昌"等牌子。中国肥皂公司新厂登记资本额为800万银元，在上海杨树浦（今杨浦滨江）一带购置土地200余亩，其中建厂基地80多亩，其余机动备用。1923年动工建厂，1925年正式投产。厂内设备均从英国定制，主要有66立方米容积的煮皂锅14只，撞印车2台，冷板车2台，粗甘油蒸发器1台，兰开夏锅炉5台。投产当年产量4 183吨，合23万余箱，号称远东最大的制皂厂。1929年中国肥皂公司业务迅速发展，从英国运来新型蒸发、蒸馏、高压真空、压滤等机器设备，开始筹建甘油生产车间，自行精炼甘油，年产甘油1 080吨。至此，中国开始最早的纯甘油生产。

中国肥皂公司是英商联合利华公司在远东最大的子公司。著名产品有"祥茂"洗衣皂、"日光"洗衣皂、"利华"香皂、"力士"香皂等，其"祥茂"肥皂占有中国肥皂市场总销量的70%～80%份额，而"力士"香皂则为城市女性所青睐。

中国肥皂公司善用各种商业竞争手段来扩大市场份额。公司不仅花费重金请当红影星阮玲玉、陈玉梅、王人美、胡蝶等人代言"力士"香皂，还引进国外最新有声电影机器车，稍加改装后用作广告宣传。这种印有"英商中国肥皂有限公司"字样的有声电影机器车，先后在江苏、安徽、浙江三省的城镇乡村行驶和流动放映。中国肥皂公司还不时向国内各慈善和社会福利机构、宗教团体、学校等捐赠肥皂，以扩大公司的社会影响力。1948年6月7日，宋庆龄女士以孙中山夫人的名义，代表中国福利基金会，向中国肥皂公司发了英文感谢信。

抗日战争爆发以后，中国肥皂公司由于遭受日军的破坏，开始走下坡路，生产经营每况愈下。

图1-27　1925年中国肥皂公司（来源：《百年工业看杨浦》）

图1-28　中国肥皂公司发票副本（来源：上海市档案馆藏）

五、中华造船机器厂

中华造船机器厂的前身是大中华造船机器厂。1926年，造船工程师杨俊生向浙江实业银行贷款5 000元，购买原日本人因管理经营不善而倒闭的上海东华造船株式会社的部分设备，独立开办大中华造船机器厂。厂址为当时的杨树浦路66号甲，系租用原东华厂东北隅的一块地皮，租期五年。杨俊生亲自担任厂长兼设计部主任，随后开展船舶修造业务。

1927年，建造码头方船2艘。1930年建造"镇虞"号炮艇1艘。1931年，大中华造船机器厂被租界当局逼迫迁至周家嘴岛（今复兴岛）另建新厂。"一·二八"淞沪抗战时期，大中华造船机器厂被日军强占，后经杨俊生向日本驻沪总领事交涉，始得发还。

1932年，在新厂建成"长江"号炮舰，该舰长41.2米，宽6.1米，型深2.4米，排水量400吨。同年，在复兴岛建造2座长60米、宽14米的船台，均为用洋松、杉木打桩，以木楞、水泥楞为基础的土船台，后在此船台上建造了2 000吨级的"大达""民俗"轮及其他船舶。1934年，设计建造国内第一艘破冰船"天行"号。

1936年6月，因工厂亏损，大中华造船机器厂改组为中华造船机器

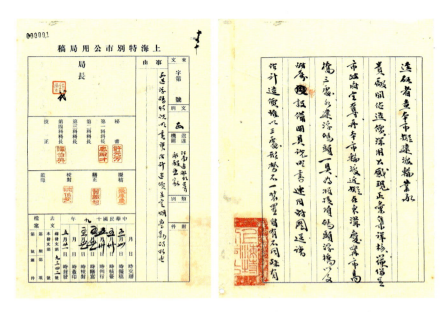

图1-29　上海特别市公用局关于送浮码头说明书请估计造价并定期察勘码头给江
　　　　南造船厂、大中华造船机器厂、合兴厂等的函（来源：上海市档案馆藏）

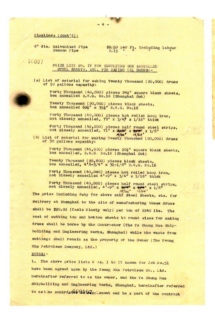

图1-30　1933年大中华造船机器厂建
　　　　造驳船游船工程合同（来源：
　　　　上海市档案馆藏）

厂股份有限公司，下设造船厂，由金城银行董事长周作民任股份公司董事长，杨俊生任厂长兼总工程师。1937年8月，中华造船机器厂被日军强占，职工解散。抗日战争胜利后，国民政府以"敌产"接收，后经杨俊生多方交涉，据理力争，于1946年归还。

图1-33　天行号破冰船（来源：《百年工业看杨浦》）

图1-31　初创时的中华造船机器厂厂门（来源：《百年工业看杨浦》）

图1-32　大达号客货轮（来源：《百年工业看杨浦》）

六、英联船厂

英联船厂由祥生船厂、耶松船厂、瑞镕船厂、万隆铁工厂、和丰船坞、董家渡船坞等经过多次兼并、合并而成。

耶松船厂属英商船舶工业公司，旧址位于今东大名路378号，由佛南（S. C. Farnham）和佩里（V. Perry）等发起成立于1865年，为上海最早的外商船厂之一。耶松船厂在19世纪80年代能制造2 000吨火轮船，20世纪初，接受浚浦局委托制造"灯船"、安装航标灯。1900年，耶松船厂与由英商柯尼逊、包文德在浦东陆家嘴开设的祥生船厂合并，中文名不变。

图1-34 19世纪中期的耶松船厂船坞（来源：《跟着档案看上海》）

瑞镕船厂系德商企业，建于1900年。1903年开挖船坞，专造潜水船、拖船、驳船和游览船。1904年德商万隆铁工厂成立，从事造船及海船修理业务。1912年瑞镕兼并万隆铁工厂，统称瑞镕船厂。第一次世界大战德国战败，瑞镕船厂并入英商企业。英商为避免其船厂互相倾轧，决定联合重组，于1936年合并成立英联船厂股份有限公司，即"英联船厂"，是中国最大的船舶修造厂，即后来上海船厂的前身之一。1941年太平洋战争爆发后，英联船厂被日军占领，抗日战争胜利后由国民政府接管，后归还英商。

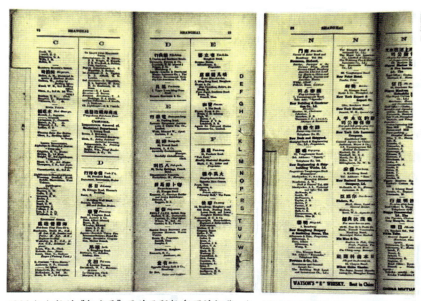

1880年出版的《行名录》里关于耶松船厂的记载，当时它在浦东、虹口等地设有码头船坞

1912年出版的《行名录》有关祥生船厂的记载。祥生下面，就是上海船厂的另一源头瑞镕船厂

图1-35　1880年出版的《行名录》里关于耶松船厂的记载（来源：《跟着档案看上海》）

图1-36　上海解放前夕，英联船厂工人纠察队武装保卫船厂（来源：《跟着档案看上海》）

图1-37　1865年耶松船厂（来源：《百年工业看杨浦》）

图1-38　1939年，英联船厂船坞内一艘待修船舶（来源：《百年工业
看杨浦》）

图1-39　遭日本海军炮击后冒着浓烟的祥生船厂（来源：《百年工业
看杨浦》）

七、华利船厂

华利船厂，其前身系1939年由日伪"华中水产株式会社"为修理日本渔轮而在齐物浦路（今江浦路）鱼市场内设立的修缮工场。1945年抗日战争胜利后，由中华水产公司接管，改名华利船厂。1949年解放后，华利船厂由上海水产公司接管，改名上海水产公司渔船修理所，并于同年11月迁至复兴岛共青路430号。解放前的华利船厂，设备简陋，只能承担渔轮航次小修理，1949年工业总产值只有1万元，职工40余人。1949年底迁至复兴岛后，全厂占地面积扩大到1.5万平方米，共有金属切削机床8台，固定资产全值6.83万元。

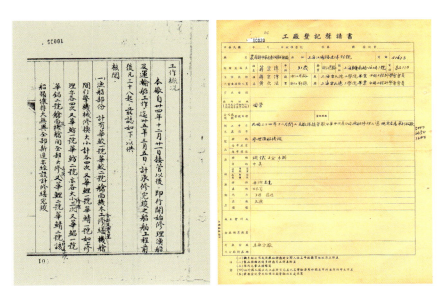

图1-40　农林部中华水产公司华利船厂工作概况（来源：上海市档案馆藏）

图1-41　上海市社会局工厂登记声请书——农林部中华水产公司华利船厂（来源：上海市档案馆藏）

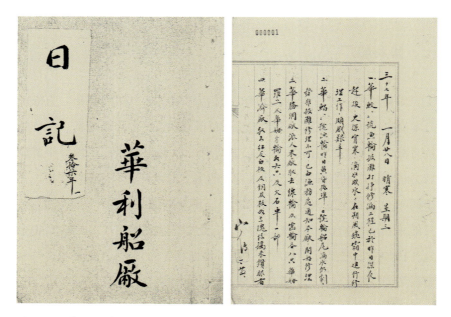

图1-42　中华水产公司华利船厂1948年1—5月工作日记（来源：上海市档案馆藏）

第四节　教　育

一、沪江大学

沪江大学位于杨浦区东部，毗邻黄浦江，遥望复兴岛，百年来与杨浦滨江共建设、同发展，让这片原本泥泞的沼泽地逐渐发展成为杨浦区教育重心之一。

那是1905年的一个炎炎夏日，10个兴致勃勃的人在上海郊外黄浦江边的一片沼泽地上，穿行于高达10英尺的芦苇丛中。他们在为一所大学寻找一块中意的地皮。……这不是块很理想的地段，到处是泥泞沼泽，低洼的稻田向后面都市方向延展数英里。除了一条羊肠小道之外没有别的道路。

沪江大学的创办者、第二任美籍校长魏馥兰生动记载了一百多年前周家嘴外江滩上实地勘察的情景。这座大学校园的诞生过程十分艰辛，因为首先要把整个校园垫高6英尺（约1.83米）。魏馥兰写道："不是由地壳运动而是由弱小的人们一篮子一篮子用土堆积而起。"

图1-43　沪江大学鸟瞰（来源：上海理工大学档案馆藏）

1906年至1911年的五年时间，是沪江大学的草创期。沪江大学在一片沼泽地上完成了校园的奠基，建造了北堂、思晏堂、东堂与四幢教员住宅，开设了附属中学和小学，在师资配备、课程设置、校规制定等方面也为大学未来的成长和发展打下了良好基础。

1911年，魏馥兰出任沪江大学校长，学校进入快速成长阶段。梅佩礼、葛学溥、韩森等一批受过专业训练的教师先后进入沪江大学，秀才董景安、拔贡林朝翰等负责国文部，形成了稳定雄厚的师资队伍。1916年，学校打破原先的通识课程设置，实行选科制。每科都有明确的职业取向，办学格局逐步明晰。选科制的推行，使沪江大学的社会影响力大增，从一所小型学院迅速崛起成为一所多学科的综合性大学。

作为创办于杨树浦地区的一所大学，沪江大学建校伊始就注重服务社区和周边居民。早在1911年，沪江大学师生就在学校附近的沈家行开办了第一所平民小学——沈家行小学。1912年，时任国文系主任的董景安专门为扫盲编写了《六百字编》，一套九册共有600个汉字，内容从识字到各种常识，包括卫生、人际关系、国家、伦理、自然地理、农

图1-44　沪江大学校门（来源：上海理工大学档案馆藏）

作与机械、革除陋习和写信等都有，是杨树浦地区提升民众素质的重要课本，也成为早期平民教育运动中的一项创举。1917年，"为施治临近乡民疾病起见建于校旁"的麦氏医院落成。医院为杨浦乡民施诊给药提供了极大便利，又被称为"普济医院"。同年，沪江大学在校园内举办乡村展览会，邀请村民举家前来参观，对乡民进行科学普及和移风易俗教育。抗日战争全面爆发前，沪江大学每年都举办乡村展览会，这成为杨树浦地区的一大盛事。1919年，学校组织成立乡村改进委员会，并于次年在校门外建造房屋作为乡村服务处。这一年，经魏馥兰校长不懈争取，毗邻学校的军工路全路告竣。这是当时上海的第一条近郊公路，连通了上海北部农村地区与上海市区，极大地便利了学校师生和周边乡民的生活与出行。

　　沪江大学开设了中国大学第一个社会学系，开展了中国大学最早的社会调查，并创办了国内第一家社区服务机构——沪东公社。1914年

图1-45　沪东公社旧址
（来源：上海理工大学
档案馆藏）

2月，美国布朗大学硕士葛学溥在沪江大学创立社会学系。葛学溥带领学生在杨树浦地区搜集有关住房、人口、工业、教育、宗教等方面的资料，并整理绘制成图表，这是中国大学最早的社会调查。他在校内组织"沪江社会服务团"，开展面向杨树浦贫民的社会服务工作。1917年，葛学溥依托沪江大学，在上海产业工人最为密集的杨树浦地区设立沪东公社，提倡劳工教育及社会服务，这既是沪江大学之"实验机关"，又是中国第一家社区服务机构。

　　教育事业是沪东公社服务杨树浦地区的重要内容。为解决杨树浦地区孩童上学问题，沪东公社相继开设了初级小学、完全小学、初级中学，办学质量得到社会认可。工人教育上，公社兼顾各类工人群体，采取不同的教育方式，开设多种类型的学校，如职工补习夜校、纺织补习学校、平民女校、夏令义务学校等。公社还开办图书馆和报刊阅览室以供工人闲暇时学习读书。丰富多样的教育模式深受工人喜爱，1921年就有400余人参加了公社开办的各种学校。

　　社会事业是沪东公社另一项重要的服务内容。为改善杨树浦工人的医疗卫生条件，1919年秋，沪东公社开办沪东工业医院，附设义务诊疗

图1-46　沪东公社民众图书馆（来源：上海理工大学档案馆藏）

所，并为周围工厂开办工业卫生、预防工伤事故和急救的训练班。公社注重丰富工人的业余生活。沪江大学的学生剧团和乐团时常来为工人们表演。公社开辟了劳工运动场，组织工人开展各种体育活动。1921年，公社受赠一部电影放映机，使工人们在劳动之余获一新奇之欣赏。

　　1928年，年仅32岁的哥伦比亚大学博士刘湛恩成为沪江大学首任中国籍校长。1929年，沪江大学获批立案，成为上海第一所立案的教会大学。之后，沪江大学停办神学院，宗教课程改为选修课，不计入学分。按照当时大学必须设立院、系两级体制的规定，最终确立了文、理、商三个学院。华人教授的数量逐步增加，并在教学和管理中成为主角。到1936年，理科各系，文科的国文、政治、教育系以及商学系都由中国教授担任系主任。

　　为实现"改造社会"的大学使命，沪江大学继续大力推进社会服务。1929年，正式开办沪大乡村服务处。社会学系深入社会调查研究，扩充课程，强调实践传统。学生"不徒阅读各种有关之理论书籍及研究报告，并须亲自实际调查，多以杨树浦工场生活与沪大附近乡村社会为其研究对象，以沪东公社与沪大乡村服务处为其实习场所"。学生毕业论文选题以杨浦为中心辐射整个上海乃至全国，如《杨树浦主要街道研究》《上海流浪儿童调查》《一个中国大家庭的社会研究》等。

　　刘湛恩重视沪东公社发展，发挥杨树浦工人社区文化改造中心的作用。根据1936年的调查，沪东公社开办的平民教育，除已注册立案的沪东中小学外，每晚工厂下班后，有100名女工和434名男工到公社上课，另外还有一个50人的扫盲班。为使平民教育与职业教育相互促进，1937年沪东公社开办了汽车专科学校。汽车专科学校初期只设初级机械班，后增设高级机械和驾驶等班，培养的许多学生转入内地服务抗战运输业。

图1-47　刘湛恩致力于难民教育（来源：上海理工大学档案馆藏）

沪江大学如火如荼的教育事业和杨浦乡民日益改善的生活被日寇侵略的炮火打断。1937年8月13日，淞沪会战打响，盘踞在学校南侧公大纱厂的日军当晚抢占了沪江大学校园，全校师生被迫转移至公共租界的城中区商学院。刘湛恩带领师生宣传抗日、支援前线，成为"孤岛"文化教育界抗日救亡的一面旗帜。1938年4月7日，刘湛恩被日伪特务枪杀，不幸以身殉国。之后沪江大学在樊正康的主持下，学科和专业分布仍维持着撤离校园前的格局。

抗战胜利后，杨树浦校园归还沪江大学，学校任命了新校长凌宪扬。凌宪扬迅速筹集资金、雇佣工人、购置设备，仅仅46天，校园便完成了初步修复工程。1946年4月10日，沪江大学1 000余名大学部的师生重返杨树浦校园，结束了长达八年之久的流离生活。

1946年11月23日，沪江大学在校园内隆重举行了40周年校庆。学科建设、办学设备、师资队伍、制度管理、校园建筑等各方面迅速恢复，学校运营逐步趋于稳定。沪东公社事业陆续蓬勃发展起来，中小学校、职业夜校、平民义务学校、劳工托儿所、医疗诊所、民众阅报室等再次开办。公社主任金武周表示："所有这些活动，大学的社会学专业都参与了。我们意识到公社必须为工业社会服务，但它同时也是大学社会学系的一个实验室。"沪江大学与杨浦乡民的关系再次紧密联系在一起。

沪江大学从建校至撤销共计46年，走出了刘湛恩、李公朴、王海萍、钱素凡、周德佑等为民族独立而英勇牺牲的革命烈士和李一氓、方行、王辛南、黄烽、施纫秋等优秀中共党员；培育了众多杰出人才，有徐志摩、夏志清、欧阳山尊、冯亦代、柯柏年等文学艺术家，倪征燠、李道豫、李储文、赵行志、林鹬丽等外交官，涂长望、邱式邦、戴立信、沈之荃、汪尔康等中国科学院院士……这些优秀学子都为建设祖国作出了重要贡献。

二、上海市立吴淞水产专科学校

　　学校前身为著名教育家、实业家张謇与著名教育家黄炎培共同创办于1912年的江苏省立水产学校，初设渔捞、制造两科，1921年增设全国第一个养殖科。在蔡元培支持下，曾先后于1924年、1925年添设航海、远洋渔业两个专科。"一·二八"和"八一三"事变期间，校舍两度损毁。抗日战争期间该校暂迁至合川，勉为延续。抗日战争胜利后，渔业事关百姓一日三餐，更系国计民生，复校呼声渐起。

　　上海时为全国渔业中枢，有渔业公司40余家、渔轮100余艘，是中外商轮盐干鱼货集散地。淞沪人士、水产专家及吴淞水产同学会等谋划在原址复校。1946年8月复校委员会组建，第一次会议推选侯朝海、冯

图1-48　1947年上海复校后通往复兴岛临时校舍的定海路桥（来源：上海海洋
　　　　大学档案馆藏）

图1-49　复兴岛临时校舍（来源：上海海洋大学档案馆藏）

立民、李东芗等11人为常务委员，侯朝海、冯立民分任主任、副主任委员。

当时国民政府上海善后救济总署、农林部合办的渔业善后物资管理处设于复兴岛，办有渔业高级技术人员训练所。事毕后，各种器材及设备可作教具，故决定在复兴岛先行复校，联络各方成立上海市立吴淞水产专科学校筹备委员会，成员有渔业善后物资管理处顾问李东芗、农林部中央水产实验所所长林绍文、渔业善后物资管理处副处长王以康、中华水产公司筹备处主任冯立民、渔业善后物资管理处陈廷煦、中华水产公司第二组长张乃高等。

1947年6月，经上海市教育局呈准教育部筹设，定名为上海市立吴淞水产专科学校，由侯朝海任校长，招初中毕业生，学制五年，设渔捞、制造、养殖、航海四科。学校聘请有关人员，如上海鱼市场理事长杜月笙，以及王以康、侯朝海、冯立民、林绍文等组成校务委员会。1948年1月，第一批招收渔捞科一年级生26人、二年级生38人。渔管处借给学校两间房，一间用作学校办公室，另一间作为学生的教室和餐厅，两个班级轮流上课、轮流用餐。两座半圆形铁皮屋顶的活动房作为宿舍，50余人住一大间活动房。1948年秋，学校增设制造科，又招渔捞科30人、制造科25人，规模达到4个班级，119名学生。全校教职员工38人，其中教师23人。从这批学生中，走出了上海海洋大学原校长、国际渔业与海洋法专家乐美龙、"中国鱿钓科技之父"王尧耕等杰出人才。

　　当时，国民党一心恋战，只拨给经办费，而设备费、基础费等则需要学校自筹，因此办学条件十分简陋，办学经费颇为拮据。1948年4月，上海水产界为中国渔捞科奠基人李东莠六十诞辰祝寿。大家相约捐赠现金，将所得悉数捐赠学校。杨月安抱病率领8名学员连续出海两个捕捞生产航次，所得渔捞酬金也捐赠学校。就这样，在活动房附近盖起几间木板房，各班级有了固定教室，学生们可以在教室内上课和自学。

图1-50　学生乘实习船赴海上实习（来源：上海海洋大学档案馆藏）

学生们又自力更生整理出一个篮球场，黄浦江、复兴运河也成了天然游泳池和舟艇实习场。学生们的生活时常捉襟见肘，侯朝海想方设法改善伙食，用白嫩嫩的豆腐，用盐和油渣一炒，学生们吃得津津有味。

学校四处延揽名师授课，其中有曾任荷兰皇家渔业研究所研究员、世界粮食会议中国代表王以康，有时任中央水产实验所所长林绍文，中央研究院动物研究所研究员伍献文，上海气象台台长郑子政，中央气象局局长吕炯，中华水产公司华胜网厂厂长金志铨，交通大学周原坤、陈宗惠、侯毓汾、陈有丰、许玉赞、钱俭约等教授，另外有一些实践经验丰富的领航员、船长受聘讲授航海、船艺、渔捞技术等课程。

第五节　复兴岛

　　复兴岛，位于杨浦滨江南端东北角，隔着复兴岛运河与定海街道相望，南靠定海路桥，北面接近虬江口，呈月牙形，长3.42公里，中部最宽处达550米，面积约1.133平方公里，是黄浦江上唯一的一座小岛。

　　在17世纪前，上海港航道无专门管理机构。早前，黄浦江的水深较浅，只能容吃水一米深的小船航行，远洋货轮只能在外海卸货，换装小船进入上海。1901年，清政府被迫在《辛丑条约》中写进关于疏浚黄浦江航道的条款，保证江河道不断疏浚，便于远洋货轮通行，直接驶入黄浦江卸货。1905年，清政府正式成立上海浚浦工程总局，上海道台奉命于当年12月26日设立"浚浦工程总局"，开始疏浚黄浦江航道。1910年改设善后养工局。1912年重设开浚黄浦河道局（简称"浚浦局"），先后主持航道整治及管理。除疏浚整治上海港航道设立保护航标外，凡港域内所有挖河、修缮或者建造码头，均须报经该局核准。

　　黄浦江在杨浦东南部向北弯折，江左岸自然沉积出一片浅滩，民间称之为"周家嘴沙"，这就是周家嘴岛（复兴岛）的雏形。在黄浦江治理工程中，浚浦局对周家嘴沙也进行了整治。1913年4月30日起，在周家嘴沙的浅滩筑弧形大堤，沉入第一块柴排，使得围堤内泥土逐渐淤高，为以后吹填成岛奠定基础。1925年开始，在江口至周家嘴沙间大片浅滩处不断吹填，通过抛卸沉排块石，围筑土堤，吹灌填高浅滩，最终使其成陆，形成人工岛。1927年后，又在临驳岸不远处开挖了一条宽45.7米、深2米的通航人工运河（复兴岛运河的前身），便于小型船舶进出与停泊。

1927年，浚浦局以40万两白银向政府买下这片滩地，命名为周家嘴岛。除了自用建设工场和俱乐部外，大部分土地租给工矿企业使用。岛上有土木建筑工场及原料仓库，以导堤、驳岸、浮筒、厂房营造修理为主要业务，还建有大中华造船机器厂、中国植物油料公司、美孚火油公司等。

1937年，淞沪会战爆发后不久，周家嘴岛被日军占领并改名为定海岛，成为日军存储军械仓库的场所。

 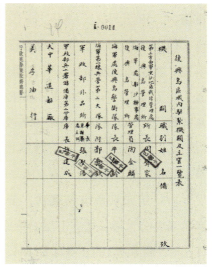

图1-51　1942年上海浚浦局关于疏浚河岸的费用等问题与法公董局的来往信件（来源：上海市档案馆藏）

图1-52　复兴岛驻扎单位以及主管名录（来源：上海市档案馆藏）

浚浦局损失惨重，日军扣留并强行"租"用大批船只去日本服役。为此，黄浦江江流及航路均受重大影响，淤泥日积月累，导致河床日渐狭窄。1939年，定海岛又改称昭和岛。1945年该岛被中方收复后，为了纪念抗战胜利，最终命名为复兴岛。岛上曾设有上海鱼市场、上海市立吴淞水产专科学校、中华造船机器厂、浚浦局职工俱乐部等机构。

一、上海鱼市场

从周家嘴岛到复兴岛，这片土地见证了上海解放前渔业的兴衰。上海开埠后，渔业水产市场应运而生，至1935年，十六铺成为水产行业中心。随着行业不断发展，1933年国民政府实业部为"谋调节产销，平准市价，发展渔业，统制渔业经济"，计划在上海建设规模较大的鱼市场。

1934年1月5日，国民政府行政院第141次会议通过筹设上海鱼市场案。实业部上海鱼市场筹备委员会组成，办事处设于上海四川路33号一座大楼内，同年2月8日起正式办公。筹委会商请鱼行投资，经反复磋商认可，实业部上海鱼市场改为官商合办上海鱼市场股份有限公司（简称"上海鱼市场"），有理事15人（官股代表8人，商股代表7人），员工170余人。场址位于周家嘴岛。

1935年元旦鱼市场奠基，至当年11月15日竣工。主要建筑包括鱼市场办公大楼，楼高七层；冷冻设施占地面积1 788平方米，有冷藏库5间、制冰室1间、冷冻室2间、机房2间及处理室数间等。1936年4月，上海鱼市场颁布《上海鱼市场股份有限公司章程》，5月核定《上海鱼市场股份有限公司营业规程》，5月11日举行开幕典礼，次日凌晨3时正式营业。

图1-53　1935年建设中的鱼市场办公楼地窖（来源：上海市档案馆藏）

图1-54　1946年中方接收后的鱼市场经纪人大楼（来源：上海市档案馆藏）

　　上海鱼市场没有维持多少时间，1937年淞沪会战爆发。上海鱼市场被侵华日军占领，部分建筑毁于炮火。9月15日，上海鱼市场宣布全部结束。且当时，吴淞口已被日军封锁，市场货源告乏，渔业活动的重心仍返回十六铺一带。

二、浚浦局职员俱乐部

　　20世纪30年代，浚浦局在周家嘴岛的中部，专门为职员建造了俱乐部，供外籍高级职员使用。日军占据周家嘴岛后，赶走岛上大部分居民，到处修建铁丝网，除了接管各类企业作为军械仓库，还将俱乐部中的别墅改成日式风格，供军官享乐，被当地人称为"白庐"。

　　日军投降后，白庐被国民政府接管。1949年4月26日，蒋介石由浙江象山码头乘坐军舰来到上海黄浦码头。为安全起见，蒋介石的军舰后在复兴岛附近停留，蒋在白庐多次召开重要军事会议，部署死守上海的方案，安排撤离大陆及潜伏计划。眼看大势已去，蒋介石不得不于1949年5月7日黯然离开复兴岛前往台湾。白庐也就成为蒋介石离开大陆的最后落脚点。

　　上海解放后，曾被帝国主义和官僚资本主义控制多年的上海港口治理养护权终于回到人民手中。复兴岛百业待兴；浚浦局被划归交通部北方区海运管理局领导，更名为上海航道局。

第二章

烽 火

第一节　引　言

杨浦滨江是工人运动的发祥地之一，具有光荣的革命传统。建党初期，许多革命先辈在此留下了辉煌的战斗足迹。

1919年至1920年，一批怀揣革命理想的有志青年从位于杨浦滨江的秦皇岛路码头（原黄浦码头）乘坐游轮，赴法国勤工俭学，寻找救国之路。

1920年6月，江南造船所工人李中加入了中国共产党发起组，是组织内唯一的工人党员，也是中国共产党历史上第一个工人党员。受中国共产党发起组的委托，李中于1920年秋开始筹建中国共产党历史上第一个工会组织——上海机器工会。

1925年5月30日，震惊中外的五卅惨案发生后，杨浦滨江各厂工人奋起响应上海总工会的号召，率先举行罢工，时间长达99天。尤其是作为上海最主要的供电企业，杨树浦电灯厂（杨树浦发电厂）罢工停摆3个多月，给公共租界当局以极大压力，从而有力支援了五卅运动。五卅运动扩大了中国共产党的影响力，提高了工人阶级的觉悟，揭开了大革命高潮的序幕，杨浦滨江地区党组织自此迅速发展壮大。

1926年至1927年间，杨浦滨江地区党组织领导工人积极参与了三次上海工人武装起义。1926年10月23日，在党组织的指挥下，来自沪东新怡和纱厂、老怡和纱厂、恒丰纱厂等的60多名工人作为纠察队战斗小组成员发动第一次武装起义，由于寡不敌众，战斗失利，起义失败。1927年2月22日，中共上海区委发动第二次武装起义，杨浦滨江各厂工人积极响应，向闸北挺进，占领胡家木桥警署等处。但由于武器装备劣势、工人作战配合不畅等原因，起义再次失败。同年3月，周恩来亲临杨浦，领导第三次上海工人武装起义。1927年3月21日，上海80万工人实现总同盟罢工，随即转入武装起义。杨浦滨江各厂工人投入战斗，相继攻占虹镇、胡家木桥、香烟桥、引翔港等地的警署以及孙传芳部最后的据点——北火车站，上海工人第三次武装起义大获全胜。杨浦滨江的工人前仆后继，为起义作出了重要贡献。

1929—1930年间，刘少奇在杨浦滨江也留下了革命的足迹，他领导开展了老怡和纱厂"蒸饭运动"等一系列斗争，先后在恒丰纱厂、公大纱厂建立党支部，并到杨树浦自来水厂等工厂进行活动，发展党的基层组织，推动杨浦滨江工人运动进一步发展。

抗日战争爆发后，上海党组织认为英美外商企业是开展抗日救亡运动的重要阵地，杨浦滨江的众多外商企业是我党开展活动的主要范围。1937—1938年，我党先后建立了新怡和麻厂支部、怡和纱厂支部，并在此基础上建立了中共沪东外商（英美）纱厂委员会。

上海解放前，中共上海市政工作委员会直接领导自来水等公用事业工人护厂迎接解放，帮助杨树浦水厂以及整个英商自来水公司加强党支部的力量。1949年3月，杨树浦水厂和公司总管理处统一成立了中共上海自来水公司支部，带领群众进行了卓有成效的反破坏、护厂斗争，日夜监视驻厂敌军的动态。

杨浦滨江的红色印记，不仅书写了壮丽的历史篇章，培育了富有深刻内涵的人民城市精神，为日后杨浦滨江的建设和发展提供了丰厚的历史积淀，也记录下了刘湛恩、王孝和、王根英等革命英雄的光辉事迹。

第二节　秦皇岛路码头

　　在现今的秦皇岛路32号东码头园区里，有一座秦皇岛路码头，码头内保留至今的部分老建筑，曾是老上海赫赫有名的黄浦码头。1919年至1920年，黄浦码头是留法勤工俭学学生离沪的出发地之一。

　　1908年至1910年间，日本南满洲铁道株式会社购下这片东起大连路、西至秦皇岛路、北依杨树浦路的沿江滩地，委托日本邮船会社建造码头与仓库，并代为经营。1913年，经过改建的黄浦码头专门停靠北洋航线（主要为上海至大连航线）以及欧洲远洋航线的船舶。

　　当时较有影响力的主流报刊——《申报》《民国日报》《字林西报》《新闻报》等报纸的新闻报道或船期信息显示，20批留法勤工俭学学生中有6批650余人在今杨浦区境内的黄浦码头（现秦皇岛路码头）登船出发，他们当中有周恩来、邓小平、蔡和森、向警予、聂荣臻、陈延年、陈乔年、蔡畅、何长工等老一辈革命家。1919年3月14日，26岁的毛泽东与一批准备赴法勤工俭学的湖南青年到达上海，这是毛泽东第一次来到上海。3月17日，包括43名湖南青年在内的第一批赴法人员共89人，从这里乘坐日本的"因幡丸"号游轮赴法国勤工俭学，毛泽东和吴玉章等人亲自在这个码头为他们送行。1920年11月7日，

图2-1　1920年上海地图里的黄浦码头（来源：中共上海市杨浦区委党史研究室）

图2-2　20世纪40年代黄浦码头一带（来源：中共上海市杨浦区委党史研究室）

周恩来在黄浦码头登上"博尔多斯"号，启程赴法。在法期间，包括周恩来在内，留法勤工俭学学生中的先进分子在研究俄国十月革命经验和考察欧洲工人运动的基础上，抛弃了工读主义和无政府主义，树立起马克思主义信仰。留法归来，周恩来已是信仰坚定的共产党人了。

他在给觉悟社友人的一封信中说："我认的主义一定是不变了，并且很坚决地要为他宣传奔走。"1920年9月11日，16岁的邓小平和当时大多数青年一样，怀揣着工业救国、实业救国的思想，也是从这个码头登上改装后的货轮"央脱来蓬"号前往法国马赛，开启了他的法国勤工俭学之旅。他事后回忆道："我们看到中国当时是个弱国，我们要使他强大。我们认为要达到这一目的，只有使他走上现代化的道路，所以我们去西方学习。"远在法兰西勤工俭学的革命青年，几乎与中国国内同步开始组建具有共产主义政党性质的组织。1921年间成立的旅法中共早期组织是中国共产党初创时期八个最重要的基层组织之一。该组织成立后，在旅法的中国学生和劳工中广泛宣传马克思主义思想，积极发展党员，成为联系旅欧各国（德国、比利时等）革命者和进步学生的中心。

图2-3　1920年春，在法国蒙塔尔纪学习的勤工俭学学生合影（来源：中共上海市杨浦区委党史研究室）

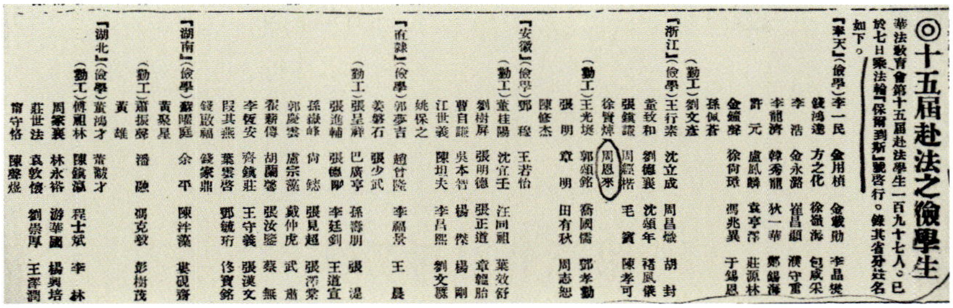

图2-4 《申报》刊登的赴法勤工俭学学生名单，周恩来名列其中（来源：中共上海市杨浦区委党史研究室）

2019年3月15日，杨浦区在原黄浦码头旧址举行了"黄浦码头旧址"铭牌揭牌仪式，陈毅之子陈昊苏、周恩来的侄子周秉和等人参加了此次活动。揭牌仪式结束后，召开了"上海与留法勤工俭学运动"（1919—2019）学术研讨会，并举办了"他们从这里出发——杨浦区纪念留法勤工俭学生离沪100周年图片展"。

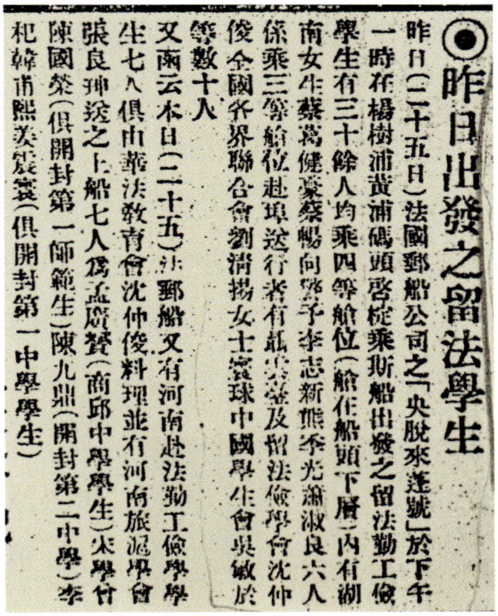

图2-5 《申报》报道"央脱来蓬号"启航，蔡和森、向警予、蔡畅等6人乘坐三等舱（来源：中共上海市杨浦区委党史研究室）

第三节　刘湛恩

刘湛恩（1896—1938），湖北省阳新县人，沪江大学首任中国籍校长，中国近代著名教育家、爱国志士和社会活动家。

刘湛恩幼时父亲因病去世，母亲带他辗转到汉阳谋生。他先在汉阳浸礼会小学读书，1906年考入九江同文书院，1915年以第一名的成绩被保送至东吴大学。1918年，刘湛恩赴美国芝加哥大学深造，两年后获教育学硕士学位。不久转入哥伦比亚大学，成为著名教育家保罗·孟禄（Paul Monroe, 1869—1947）的学生，1922年获哲学博士学位。

留学期间，刘湛恩会在课余时间去当临时工。他学会了讲广东话，结交了不少华侨朋友，也深入了解了美国下层社会，为日后向华侨进行爱国主义宣传和向欧美人士进行国际宣传打下了基础。刘湛恩还积极参加留学生组织的爱国活动。华盛顿会议期间，他担任中国外交代表团秘书、国民政府赴美教育考察团秘书和留美学生

图2-6　刘湛恩（来源：上海理工大学档案馆藏）

华盛顿会议后援会代表。

1922年9月，刘湛恩束装归国。他先在东南大学执教，后在中华基督教青年会、上海职业指导所、大夏大学等任职。他提倡公民教育与职业教育，呼吁教育救国。

1928年1月，年仅32岁的刘湛恩被推举担任沪江大学校长，成为中国近代最年轻的大学校长之一。他提出"让沪江大学更中国化"，大力倡导"积极的、前进的、建设的、牺牲的"沪江精神。他精心谋划，主持完成了沪江大学与附属中学的注册立案。致力于中国化的校政改革，使华人学者在教学和管理中成为主角。积极在国内外募款添购图书、仪器设备，增建了大学图书馆、大礼堂等大小三十余幢建筑。建立了从幼稚园到高中的一整套教学体系，扩充了设在学校附近农村和杨树浦的社会服务中心。创办城中区商学院，以满足城区职业青年就近进修学习的

图2-7 刘湛恩就职典礼（来源：上海理工大学档案馆藏）

需要……在刘湛恩的带领下，沪江大学的办学规模和社会影响力达到了一个高峰。

刘湛恩不仅是一位成就卓越的大学校长，也是一位坚定不移、威武不屈的抗日勇士。在中华民族面临生死存亡的关头，他怀抱对祖国和人民的热爱，无数次挺身而出，成为抗日爱国知识分子的典范。

"九一八"事变后，刘湛恩大声疾呼救亡图存。在出国考察和参加国际会议期间，他向国际友人、海外侨胞揭露日寇的侵华暴行，呼吁侨胞大力支持祖国的抗日斗争。"一·二八"事变后，刘湛恩积极参加了上海各界人民抗敌后援会的工作，支持十九路军抗日。1933年7月至1934年3月，刘湛恩再度访美。他在美介绍中国局势，揭露日本帝国主义侵华罪行，呼吁国际舆论制裁，号召侨胞团结，支援国内反侵略斗争。

1935年，"一二·九"爱国运动爆发后的第二天，刘湛恩就和上海文化界的马相伯、沈钧儒、周建人、陶行知、邹韬奋、章乃器、郑振铎等280余人，联合发表了《上海文化界救国运动宣言》。宣言指出：国难日深，应"尽量的组织民众，一心一德的拿铁和血与敌人作殊死战，是中华民族的唯一出路"，要求政府"即日出兵讨伐冀东及东北的伪组织""用全国的兵力、财力，反抗敌人的侵略"等。12月14日，刘湛恩又和上海各大学的校长李登辉、何炳松等10余人，面访市长吴铁城，并当面向他提出保持行政统一、领土完整、言论自由、外交公开等建议。12月17日，刘湛恩与李登辉、吴耀宗、沈体兰、刘良模等28人，就当时"华北特殊化"问题及北平"一二·九"学生爱国运动联合发表对时局的宣言，坚决反对华北特殊化，呼吁全国人民团结起来，共纾国难，挽救危亡！

1937年8月，日本侵略者悍然发动"八一三"事变，进攻上海。战火蔓延到黄浦江畔，刘湛恩指挥若定，将全校师生员工和家属安全转移到市区，自己复率领少数教职员工坚持到中日双方交火，才趁夜撤出战区。

之后，沪江大学搬到位于租界的真光大楼，坚持办"没有围墙的大学"。刘湛恩被推举为上海各界人民救亡协会理事、上海各大学抗日联合会负责人、中国基督教难民救济委员会主席，在宣传抗日、支援前线、救济难民、安抚流亡学生等方面不遗余力。

刘湛恩与全国各大学校长、教授以及知名学者蔡元培、张伯苓、胡适等102人联名发表长篇英文声明，历数日本帝国主义蓄意破坏中国文化机构的罪行，呼吁世界各国人士予以制裁。他联合胡愈之、郑振铎等文化界著名人士，组织"星一聚餐会"。所有参加者，相约每星期一晚上聚会一次，共同商讨对敌斗争的方针策略，研究推动上海地区的抗日救亡工作。刘湛恩担任聚餐会的第一任召集人，直至1938年4月他遇难牺牲。他还广泛联络在沪的各国官方人员和民间知名人士，扩大对外宣传，以争取国际友人对中国抗战给予同情和支持，被誉为"在野的外交"。在刘湛恩支持下，上海文化界救亡协会创办了社会科学讲习所，以提高学员爱国觉悟为宗旨，讲授中国近代史、政治经济学等学科中的进步理论，吸引了许多爱国青年参加学习，为抗日革命队伍培养了不少骨干。

1937年11月12日，中国军队撤离上海，上海租界沦为"孤岛"，救亡协会不少负责人纷纷去往内地，而刘湛恩毅然选择坚守上海。

日伪政府妄图拉刘湛恩下水，让其担任伪教育部长，但遭到他断然拒绝。利诱不成，随之而来的是连续不断的威胁和恫吓。刘家多次收到内藏子弹的恐吓信，接到辱骂和恫吓电话。有一晚，从墙外扔进一枚手榴弹，手榴弹在刘家天井里爆炸，幸未伤人。不久，刘家又收到一篮水果，信末署名竟是一位已经去世的英国朋友，经化验，水果内含有剧毒。面对这一切，刘湛恩毫不畏惧，将生死置之度外，继续为上海的抗日救亡工作奔波。他说："留沪的救亡协会负责人所剩无几，而上海的抗日救亡工作关系到国家民族的生存，我责无旁贷，放不下。""我平时教导学生要为国献身，那就应当以身作则，怎能临难苟避呢？再说我是校长，要主持沪江校政，也放不下。"

1938年4月，国际救济协会委派刘湛恩到国外募捐，报纸上刊登了他近期内将离沪出国的消息，引起了敌人的极大恐慌。当年4月7日早晨，他和妹妹刘明珍、次子刘光华从安乐坊出来，准备在静安寺路、大华路路口（今南京西路、南汇路路口）的车站搭乘公共汽车到真光大楼上班。汽车到站，刘明珍和刘光华刚上车，刘湛恩正跨步上车之际，突然窜出三名暴徒，向他拔枪射击，达姆弹从后背射入，从胸膛穿出。刘湛恩当即倒在血泊中，壮烈牺牲，时为上午8时45分。

刘湛恩的殉难，使中外人士大为震惊。他是抗战初期最先遭到日伪暗害的文化界著名人士，也是整个抗战期间唯一被日伪汉奸杀害的大学校长。当时上海各大中外报纸都对刘湛恩烈士的不幸遇难作了报道。《文汇报》几乎用整版篇幅报道了刘湛恩牺牲的消息，文章写道：

图2-8　刘湛恩牺牲后的媒体报道（来源：上海理工大学档案馆藏）

"刘博士的死，震惊了整个'孤岛'上的人们，的确，他的死，不仅是教育界的损失，而且是中国的一个损失。"著名爱国人士冯玉祥、陶行知、邹韬奋、郑振铎等先后发表了悼念文章。邹韬奋在《敬悼不受伪命的刘湛恩校长》中写道："刘湛恩的死是为国努力而死，是拒绝伪命而死。刘湛恩的死是光荣的死，是等于为国牺牲的战士的死。"

刘湛恩被刺遇害，在上海知识界特别是青年学生中引起了强烈愤慨。沪江大学组织了治丧委员会，为他举行了隆重的悼念仪式。上海市各团体赠送"为国牺牲"的挽联。沪江大学师生和各界人民3 000多人执绋送殡。

1985年4月3日，中华人民共和国民政部追认刘湛恩为"抗日革命烈士"。上海理工大学师生每年清明时节都会前往龙华烈士陵园，祭奠刘湛恩烈士的英灵。

2021年6月，学校将位于历史风貌保护区原教员住宅108号的刘湛恩烈士故居进行修缮，建成刘湛恩烈士故居红色文化主题馆，对外开放。2023年4月，刘湛恩烈士故居红色文化主题馆入选第八批上海市爱国主义教育基地。

图2-9 革命烈士证明书（来源：上海理工大学档案馆藏）

图2-10　上海理工大学师生在刘湛恩故居前举行爱国主义教育活动（来源：上
海理工大学档案馆藏）

第四节　王孝和

　　1940年初，上海学生界展开了反对汪伪政权的爱国运动，就读于励志英文专科学校的王孝和参加了以进步学生为主的读书会。在进步思想的影响下，1941年5月4日，王孝和加入了中国共产党。1942年王孝和中断了在励志英文专科学校的学业，根据党组织的考虑及安排，1943年1月他进入美商上海电力公司（简称"上电"），在火力发电厂（今杨树浦发电厂）控制室当抄表员。

　　1945年8月15日，日本宣布无条件投降，上电党组织经过慎重考虑，决定以庆祝胜利筹备委员会的名义，将工人组织起来，以便及时地将庆祝胜利筹备委员会这一全厂性的组织转为工会筹备委员会（简称"工筹会"）。9月，除华中水电公司由国民政府经济部派员接收，其他各家电力公司均发还原主经营，杨树浦发电厂再次由美国人接管。1946年1月，上电资方连续裁员，开除工筹会代表。上电党组织通过工筹会，发动全体职工举行罢工，采取"只发不修、只供不收"的斗争策略，其中，王孝和承担着带领工人维持发电的任务。罢工期间，国民党组织策划了"索夫团"阴谋，"索夫团"打着"要丈夫回家过年"的旗号，破坏上电工人罢工斗争。在这场发生在发电厂门口的丑剧中，19 名工人代表被捕。事件发生后，国民党颠倒黑白，大肆宣传"家属与工会冲突""工人互殴"以蒙蔽民众视听。上电党组织针对敌人造谣诬陷、武装镇压的阴谋，动员全体职工到社会局请愿，以营救被捕代表。王孝和与几百个工人也组成一支队伍，前往社会局门口声援，汇成三千余人的队伍，国民党无奈缴械妥协，为期九天八夜的大罢工胜利了。九天八夜大罢工后，上电工筹会的地位更加稳固，1946年4月12日召开工会成立大会。党组织要求王孝和等人抓住筹备工会的机会，深入群众，加强联系。由于党组织准备期间在群众中进行了充分的动员，选举结果中进步力量占了绝对优势，王孝和被选为工会干事。

工运领域作为国共之间较量的崭新战场，越发引起国民党的不安和注意。1946年6月，国民党组建上海市工运党团指导委员会，该会对外称为工人福利委员会（简称"工福会"）。工福会打着"辅导劳工，推进福利设施，协调劳资关系，安定生产秩序"的旗号，专事破坏工人运动。1947年随着中国人民解放军转入战略反攻阶段，国民党在军事上接连失利，为了摆脱腹背受敌的困境，他们加紧镇压国统区工运、学运中的革命群体，力图守住城市阵地。而上电工会作为国民党控制上海工运的一大障碍，被视为"眼中钉"。同年9月19日，国民党特务破坏承印工会宣传品及进步刊物的上海富通印刷所，并先后逮捕、通缉上电工会干部和积极分子，且宣布解散上电工会，派员进驻"整理"工会，史称"富通事件"。这一事件后，原领导工运的领袖被迫撤离，王孝和受命于危急之际，一直处于第二线的他走到了第一线。经过三个多月的"整理"，上电工会整理委员会于1948年1月8日召开大会选举工会领导机构，在王孝和等人的巧妙运作下，王孝和当选工会常务理事，中共党员及积极分子也占据理监事的半数以上，彻底粉碎了敌人包办选举、控制上电工会的阴谋。国民党不甘心在上电工会选举中失败，就变换花样派特务万一等人以"指导员""秘书"等身份进驻上电工会，进行监视，一再诱逼王孝和加入国民党。面对国民党的威逼利诱，王孝和毫不畏惧，始终坚定地同工人站在一起。

1948年初，中国人民解放军连续进攻国民党重点设防城市，国民党在军事上节节败退，愈发加紧镇压群众运动。1月底，上海申新九厂工人举行大罢工以反对纺织行业资方对年奖进行打折的恶劣行为。2月2日，国民党军警悍然出动装甲车，武装镇压申新九厂工人的罢工斗争，酿成"申九惨案"。在中国共产党的动员下，各进步工会联合组织"申九后援会"，发动群众募捐慰问受伤工友，戴黑纱哀悼死者，以此广泛团结教育群众，扩大社会影响力。王孝和以上电工会的名义在发电厂内公开发动捐款，动员全厂工人佩戴黑纱，以实际行动与反动派的血腥暴行作斗争。继"申九惨案"后，3月20日，中共上海工人运动委员会成员王中一被捕，国民党日夜搜捕共产党员。3月26日，全市各产业工会负责人会议"虹镇会议"召开，会上提出由上电带头停电，以停电为信号掀起全市大罢工。王孝和参与其中数次讨论，接受了设法让上电停电、造成罢工局面的意见。4月1日，发电厂一座直流发电机中发现粗铁屑。4月2日，国民党借口"有人阴谋破坏电厂"，在发电厂内召开记者会，以"铁屑事件"大造舆论，把王孝和列为上电重点打击对象。4月19日，万一来到王孝和家中，发出最后警告。4月21日清晨，王孝和途经中纺十二厂工房时，被国民党警备大队长路鹏等人逮捕，押送至威海卫路147号警备大队。在审讯室里，军警先后三次对王孝和进行刑讯，施行了"电刑""老虎凳""磨排骨"等各种酷刑。惨无人道的酷刑折磨并没有使王孝和屈服，他保守住了党的秘密和战友的消息。

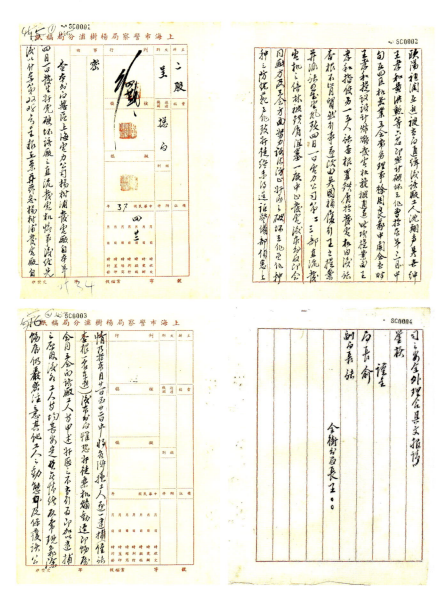

图2-11　上海市警察局杨树浦分局关于杨树浦发电厂事故的调查报告（来源：上海市档案馆藏）

4月25日，预审告一段落。王孝和被押解到北四川路淞沪警备司令部军法处看守所。5月1日，特刑庭使用伪证对王孝和进行秘密审判。在不准聘请律师、没有记者到场的法庭上，他沉着冷静，置生死于度外，面对法官的提问和不实的证词，一一予以痛斥。6月28日，上海特刑庭再次开庭。王孝和当庭揭露国民党制造伪证、警备大队刑讯逼供的罪行。法官不为所动，依然宣判王孝和死刑。王孝和从法庭上走出后，面对法庭外的记者，大喊："反动法庭不讲理！污害好人！"其情景慷慨悲壮。9月27日，王孝和要被执行死刑了，他年迈的母亲、怀有身孕的妻子和一岁多的女儿一早就守在提篮桥监狱门口，聚集在她们身旁的还有发电厂的工人和闻讯而来的群众，在妇孺的哭喊下，越来越多的人向国民党提出抗议。为防止暴动，刑期改动。9月30日，王孝和身着白衬衣，被反铐着双手押解到特刑庭后，慷慨激昂地向记者们痛斥国民党蛮不讲理、滥杀无辜的残暴行径。当他被法警绑着押赴提篮桥监狱刑场时，一路大义凛然，边走边喊："特刑庭不讲理，特刑庭乱杀人！""不讲理的政府要垮台！"王孝和英勇就义，时年24岁。

图2-12 王孝和在国民党上海高等特种刑事法庭外
（来源：上海市档案馆藏）

　　王孝和在生前五个多月的铁窗斗争中，曾写下五十多封书信。他在给妻子忻玉瑛的家书中嘱咐道："好好的抚导两个孩子！告诉他们，他们的父亲是被谁所杀害的！嘱他们刻在心头，切不可忘！"给双亲写道："人亡之后，一切应越简单越好，好在还有二个弟弟，盼他们也拿儿之事，刻在心头，视瑛如自己姐姐，视二个孩子如自己骨肉，好好的教导他们，为儿雪冤，为儿报血仇！"他给狱友留下遗书，勉励他们："为正义而继续奋斗下去！前途是光明的！""只待大家努力奋斗！"激励狱友们以昂扬的斗志为迎接上海解放继续斗争。

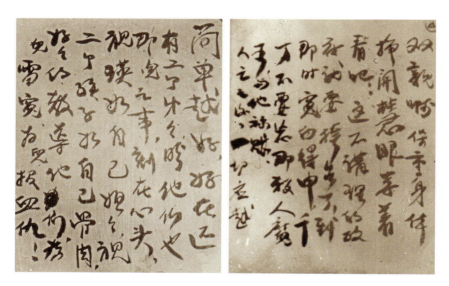

图2-13　王孝和写给双亲的信（来源：上海市档案馆藏）

　　王孝和就义数天后，中国共产党的刊物《上海劳动通讯》发表了《王孝和烈士死难前后》一文，详细报道了王孝和忠贞不屈英勇就义的经过，《文汇报》等也设特刊追悼王孝和。他的牺牲激励了无数青年为上海解放贡献青春力量。

中华人民共和国成立后，王孝和被追认为烈士。1949年11月5日，上海各界万余名民众在逸园举行王孝和烈士追悼大会，上海市军管会、上海市人民政府送出挽联："为工人阶级利益而牺牲，功垂不朽！"他的英勇事迹被整理成书，被拍成电影，被编为沪剧，被写进弹词……成为不会老去的青春记忆。如今，王孝和烈士的铜像屹立在杨树浦发电厂内王孝和烈士纪念馆前，作为杨浦滨江闪亮的精神坐标，吸引了无数人前来瞻仰、学习。

图2-14 中华人民共和国成立后，上海市民在王孝和墓前献花悼念（来源：上海市档案馆藏）

第五节　王根英

王根英，原名王庶心，1906年出生于上海浦东，1925年加入中国共产党，早年在杨树浦工作、读书，参加了上海工人第三次武装起义。9岁时，她随姐姐进杨树浦恒丰纱厂（后为上海丝织三厂）当童工，16岁时转到杨树浦英商老怡和纱厂（后为上海第五毛纺织厂）做工。1924年，进入中共上海地方党组织开办的工人夜校——"杨树浦平民学校"学习，接受了革命的启蒙教育。后加入社会主义青年团，并担任了老怡和纱厂的第一任团支部书记。不久，该厂工会建立，她当选为工会主席。同年6月，她带领全厂工人在反对资方克扣工资的罢工斗争中取得了胜利。1925年6月，她成为中国共产党党员。1926年6月，杨树浦支委以纪念五卅运动一周年的名义发动领导老怡和纱厂工人罢工，王根英也在其中做了大量工作。1927年3月21日，周恩来、罗亦农、汪寿华等领导上海工人举行

图2-15　王根英（来源：中共上海市杨浦区委党史研究室）

第三次武装起义，王根英负责为沪东地区的工人纠察队保管武器。她冒着生命危险把党组织送来的一批枪支弹药藏在自家灶台的小阁楼上，为第三次武装起义取得成功作出了贡献。1927年4月下旬，王根英作为上海代表，赴武汉参加党的第五次全国代表大会，随后出席全国第四次劳动大会，同时作为中国工人阶级的代表出席了在汉口召开的国际工人太平洋劳动大会。在此期间，王根英与陈赓相识，并结为夫妻，不久奉命回到上海，在党中央机关担任地下交通工作。陈赓也辗转来到上海，在中共中央特科负责领导情报工作。在异常艰险的环境中，在特殊的秘密战线上，王根英全力掩护和协助陈赓的工作，为党中央提供了许多重要情报。1932年，全国总工会成立女工部，王根英担任部长，组织丝厂工人罢工，并举办训练班，培训工会干部。1933年12月，由于叛徒出卖，

图 2-16　王根英烈士故居遗址纪念碑（来源：中共上海市杨浦区委党史研究室）

王根英被捕入狱。在狱中，面对敌人的酷刑和非人的折磨，她坚贞不屈，与帅孟奇等共产党员一起，同敌人进行了艰苦斗争。被关押在南京老虎桥监狱时，王根英还惦念着自己的家人，珍藏于中共一大纪念馆的布书包就是王根英亲手缝制的。抗日战争全面爆发后，经党组织营救，王根英被释放出狱。1937年8月，王根英和丈夫陈赓在云阳八路军政治部团聚。9月16日，王根英离开云阳前往延安，进入陕甘宁边区党校学习。1938年秋，王根英被调到一二九师，任师供给部财经干部学校政治指导员。1939年3月8日，王根英随师供给部驻在南宫县的前后王家（村）时，为取出装有公款与文件的挎包，被敌人杀害，时年33岁。

第三章

新生

第一节 引 言

上海解放后，杨浦滨江回到人民手中。但退守台湾的国民党残存势力仍通过飞机轰炸等方式妄想破坏上海的经济建设，其中最猛烈的就是1950年的"二·六"大轰炸。上海人民团结一心、克服困难，迅速恢复生产，自此掀开了一段辉煌的人民工业发展历史篇章，杨浦滨江乃至上海的工业逐步恢复发展并不断壮大。到20世纪七八十年代，杨浦的工业总产值占上海的四分之一，这里生产出的各类产品源源不断地销往全国各地，成为上海制造的代表和象征。而杨浦滨江附近分布着当时远东最大的火力发电厂、中国第一家自来水厂、第一家城市煤气厂等众多中国工业里程碑式的企业，诞生了"天字牌"（气象自记纸）、"采桑牌"（染色双绉）、"龙头牌"（细布）、"蜂花牌"（檀香皂）、"上海牌"（药皂）、"海燕牌"（橡胶制品）等一批民族工业品牌，杨浦滨江也成为中华人民共和国成立以来上海工业发展变迁的缩影。

进入20世纪90年代，伴随上海城市转型发展，杨浦滨江工业也经历了产业结构调整的阵痛，杨浦滨江的老厂逐步迁移或关停，原有场地空置，建筑逐渐荒废，一度呈现出衰败的"工业锈带"景象。

直到2002年，上海启动黄浦江两岸地区综合开发建设，又为杨浦滨江的转型升级带来了新契机。如何做好杨浦滨江工业遗存的保护、开发、利用工作，让这条"世界仅存最大的滨江工业带"重新焕发光彩，成为杨浦人的梦想和追求。

杨浦区经过多年的摸索，把"重现风貌、重塑功能"作为杨浦滨江改造升级的立足点，按照"先南段、再中段、后北段"的顺序逐步推进，着力通过动迁企业、收储土地、改建厂房、新增绿地、新建亲水岸线等措施，改变过去"沿江不见江"的现象，全力推动滨江还江于民。

杨浦滨江的发展转变，离不开一批标志性的基础设施和老厂房的转型升级作为支撑。

在现代基础设施建设方面，杨浦大桥、大连路越江隧道、翔殷路越江隧道、上海地铁4号线杨树浦路站、上海地铁12号线复兴岛站相继建成，方便了人民的出行，加强了杨浦滨江与各区域间的联系，激发了杨浦滨江的发展活力。

由"上海鱼市场"改建的东方渔人码头和由原国棉十七厂改建而成的上海国际时尚中心则是杨浦滨江盘活工业遗产、对历史建筑进行合理的活化利用和转型升级的典型代表。

这一时期，位于杨浦滨江的上海理工大学和上海海洋大学也蓬勃发展，为杨浦滨江的开发建设增加了浓厚的历史文化气息，为人民城市培养了一大批专业人才。

第二节　反"二·六"轰炸

　　1950年2月6日，国民党出动飞机4批共17架侵入上海市上空，以杨树浦发电厂（简称"上电"）、南市华商电气公司、闸北水电公司、卢家湾法商水电公司为主要目标，进行轮番轰炸，投弹六七十枚，妄图使上海陷于"电灯不亮、机器不动"的瘫痪境地，破坏新生的人民政权。轰炸发生后，其目标发电厂遭受严重破坏，发电量由15万千瓦左右骤降至4 000千瓦。职工和厂区周围群众被炸死542人，伤870余人，被毁坏房屋2 000余间，史称"二·六"轰炸。在大轰炸中，担负全市80%电力供应的上电厂房被10枚炸弹击中，发电设备三分之二被损坏，电厂从10万千瓦正常负荷瞬间降至零点，整个厂房笼罩在浓烟烈火中，所有电力设施被迫停止运行，造成市区大范围停电。同处杨浦的闸北水电公司也遭受严重损失，被4枚炸弹击中厂房。

　　上电是"二·六"轰炸的重点，损失最为惨重。该厂工人面对轰炸毫不畏缩，在飞机退去之后，全厂立即展开抢修。2月7日中午，上海市市长陈毅、副市长潘汉年等领导前往上电视察灾情，慰问工人和死难职工家属，并勉励上电工人继续发扬光荣的斗争传统，迅速完成抢修任务，争取在48小时内恢复部分发电。

图 3-1　1950 年 2 月 7 日，上海市市长陈毅、副市长潘汉年视察杨树浦发电厂被炸现场（来源：《百年工业看杨浦》）

　　下午 5 时，工程技术人员和老工人根据电厂受损情况，拟定了抢修目标。在市总工会组织下，英商电车公司、法商电车电灯公司、公共交通公司、电话公司和纺织、五金等各业职工，以及各机关、学校等 60 多个单位共 2 000 余人，冒雨连夜赶赴上电，协助清理被炸成一片废墟的现场。解放军铁道兵团战士急行军赶到，加快了清理进度。电厂职工不顾敌机再次轰炸的危险，不畏饥寒雨淋，不分昼夜进行抢修。因输煤皮带尚未修复，许多工人轮番上阵，用血肉之躯，从煤场扛起原煤到锅炉房供煤。7 日夜间抢修 25 号锅炉及 10 号透平发电机完工，8 日上午 5 时发电，7 时接上负荷 2 500 千瓦，此为轰炸发生后第一次发电。

　　在全体电厂职工的努力及社会各界大力援助下，从电厂被炸到第一台机组恢复发电仅用了 42 个小时，比原定计划整整提前 6 个小时。至 9 日清晨，又修复了部分炉子及发电机。发电量猛增至 13 000 千瓦，下午又增至 18 000 千瓦，使大半个上海恢复光明。至 3 月 25 日，共修复锅炉 13 座，透平机 6 座，发电量增至 80 000 余千瓦。闸北水电公司工人在厂区被轰炸后也奋不顾身投入抢修复电工作，当日即恢复发电 2 000 千瓦，次日恢复正常供应。但 2 月 21 日该厂再度被炸，国民党飞机投弹 20 余

图3-2　1950年2月6日，国民党飞机轰炸闸北水电公司后，沪西举行示威大会（来源：上海市档案馆藏）

图3-3　解放军战士帮助清理杨树浦发电厂被炸现场（来源：上海市档案馆藏）

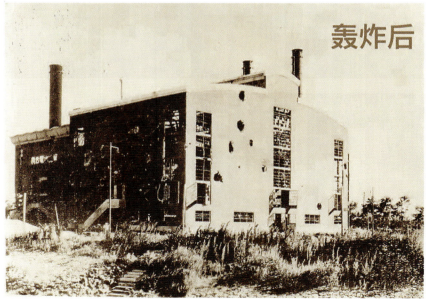

图3-4　闸北水电公司厂房被炸前及被炸后（来源：上海经信委网站）

图3-5　闸北水电公司工人抢修机组设备（来源：上海经信委网站）

枚，电厂遭受更为严重的损失。工人们仍一如既往积极抢修，3月1日初步恢复至发电量5 000千瓦。在完成自己的反轰炸任务同时，该厂还派出优秀的检修队伍，用一周时间，修复江湾军用机场内的全部输配电和供水设备，使机场迅速投入使用。

3月26日，上电在市政府大礼堂召开反轰炸大会，上电工友及伤亡职工家属共2 000余人出席大会，陈毅市长到会并讲话，对电厂工人在"二·六"轰炸后英勇抢修、短期内恢复发电的壮举表示赞扬，并勉励继续努力，在现有基础上进一步增加和提高发电量。台下工人当即高呼口号，一致拥护市长号召，把发电量增至10万千瓦。

"二·六"轰炸后，国民党飞机仍不时飞临上海上空，上电在积极抢修的同时，进一步加强防护措施，对现存器材进行疏散，并将一部分发电设备拆迁保存。工人于10天内拆迁了3座透平机，工作量是平时的

3～4倍。同时制定《应付空袭之紧急措施》，招募反轰炸值班人员，并颁布了《反轰炸志愿值班员空袭伤亡疗恤暂行优待办法》。

5月上旬，各电厂抢修基本结束。反轰炸修复工作取得初步胜利。

图3-6　上海市各界人民反轰炸大会（来源：上海市档案馆藏）

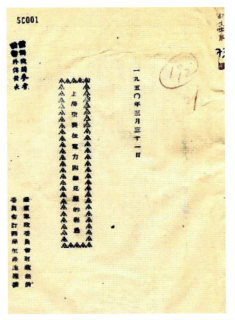

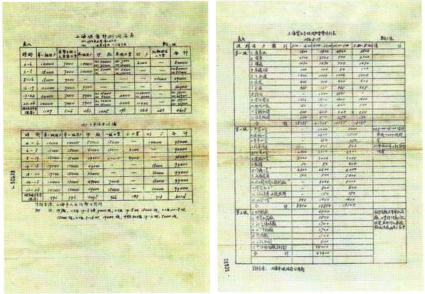

图3-7 《上海空袭后电力困难克服的经过》（来源：上海市档案馆藏）

第三节 公用事业

一、杨树浦水厂

杨树浦水厂位于杨树浦路830号。

1952年11月，上海市军事管制委员会征用英商上海自来水公司杨树浦水厂，将其改名为上海市自来水公司杨树浦水厂。2001年1月，杨树浦水厂归属上海市自来水市北有限公司。

上海解放初期，杨树浦水厂以挖潜、改造提高生产效率，在功能上实现多次改造升级。1974年起，水厂将慢滤池场地改建成斜管沉淀池和低程双阀滤池，形成日供水量15万立方米的净水生产流水线。1975年，新建日进水能力100万立方米的6号岸边式进水口。1987年黄浦江上游引水工程（一期）建成，水厂改用上游原水。1988年12月建成日供水量10万立方米的低程滤池生产流水线1条。20世纪80年代末至90年代初，杨树浦水厂对沉淀池进行挖潜改造和设备扩建，将其升级为自动排泥系统。

20世纪90年代后，杨树浦水厂对体制和生产经营进行改革，设唧水和净水生产车间，办修理厂、安装部、服务经营部。1994年11月，改造129号滤池，增加日供水能力5万立方米。

　　20世纪90年代末至21世纪初，杨树浦水厂进行自动化系统改造。2004年至2008年完成36万吨深度处理改造工程，开上海自来水厂深度处理之先河。在此基础上，2020年再次启动深度处理改造工程，厂内所有制水生产线全部采用"臭氧+生物活性炭"的深度处理。作为全国重点文物保护单位，厂区内生产设施与百年历史保护建筑纵横交错，技术团队采用"分步改造、分期建设"的工程措施，在施工中首次大量运用全套管硬切割咬合桩等新技术，采用建筑信息化模型（BIM）系统实现全过程精细化、信息化管理。

图3-8　杨树浦水厂内景（来源：新民晚报）

图3-9 杨树浦水厂外景（来源：上海市档案馆藏）

历经百年沧桑的杨树浦水厂至今仍承担着为上海市民供水的重任。水厂拥有4条制水生产线，其中包括11座沉淀池，7座64格快滤池，49台进、出水机组，日最大供水能力从解放初的30万立方米发展到148万立方米，年供水量超过4亿立方米，占上海供水总量的四分之一左右，满足了杨浦、虹口、普陀、闸北、宝山等五个区市民的生活用水和工业用水。水厂选用先进的在线水质检测仪器仪表等各种现代化生产检测工具，加强水质全过程检验与控制，并配合新型助凝剂的开发与使用，使35项常规水质指标均达到国家饮用水标准，成为国内首批通过ISO9002质量体系认证的制水企业。

杨树浦水厂先后被公布为上海市文物保护单位、全国重点文物保护单位。水厂栈桥通过改造，为市民提供了可同时观赏江景和水厂历史建筑的场所。厂内原上海自来水展示馆被改造升级为上海自来水科技馆，原氨瓶仓库建成党史学习教育基地。

二、上海杨树浦发电厂

上海杨树浦发电厂（简称"杨树浦电厂"）位于杨树浦路2800号。

1950年12月，上海市军事管制委员会接管美商上海电力公司，1954年该厂改名为上海电业管理局杨树浦发电厂，1958年改名为上海杨树浦发电厂。

上海解放初期，杨树浦电厂承担上海近80%的电力供应。面对燃油运输断绝的困难，电厂领导和工人、技术人员一起组成技术革新小组，仅用一个月的时间将燃油炉改造成燃煤链条炉，并迅速将全厂燃油炉改装完毕，维持了上海工业和民用用电，打破了敌人的经济封锁。"二·六"轰炸发生后，电厂工人齐心协力，在42小时内抢修回第一台发电机组，恢复部分对外供电。

图3-10 20世纪50年代杨树浦发电厂工人下班途中（来源：上海市档案馆藏）

图3-11 杨树浦发电厂俯瞰（来源:《百年工业看杨浦》）

1956年2月，杨树浦电厂与抚顺发电厂、石景山发电厂共同签订社会主义劳动竞赛合同，此为上海电业单位参加全国性厂际竞赛的开端。同年该厂被定为贯彻《工业七十条》试点单位。1958年8月，电厂工人以五天多时间安装的该厂第一台国产6 000千瓦机组投运，创造了当时全国汽轮发电机组快速安装的新纪录。杨树浦电厂在全国电力行业中也创造了许多"第一"：中国第一台自行设计制造的6 000千瓦汽轮发电机组19号机组；中国第一台自行设计制造的直流锅炉33号炉；中国第一台220千伏六氟化硫组合电器设备等，这都体现了电厂的雄厚技术力量。

1958年起，为节约能源、减少大气污染，杨树浦电厂从汽轮机抽汽向外供热。经过30年的改造扩建，供热范围不断扩大，建成东、西、北线及三条专线，形成以电厂为中心、半径为2.5公里的上海市区最大供热区域，全厂热效率从1949年的27.75%提高到1990年的53.86%，成为上海最大的供热电厂。电厂由单一发电逐步走上电热联供、送变电兼备的多功能发展轨道，提升了发电、供热能力以及节能、环保水平，杨浦工业区大气环境质量得到明显改善。2000年底，电厂发电容量41.24万千瓦，全年发电量24.69亿千瓦时，供电标准煤耗率为382克/千瓦时，均为电厂历史最高或最优水平。

杨树浦电厂继承和发扬光荣革命传统，先后获得全国和上海市多项"先进企业"称号，培养出董云琪、花万富等全国劳动模范。1953年起，电厂为支援电力建设事业发展，发挥老厂"传、帮、带"的育才技术优势，陆续承担全国24个省、自治区、直辖市的培训、代训任务，向全国250余家单位输送工人、干部、技术人员共4 500余人。20世纪60年代起，该厂先后向蒙古、越南、阿尔巴尼亚、科威特、缅甸和柬埔寨等国家派遣技术专家43人次，被全国同行誉为"老母鸡"电厂。

图3-12　杨树浦发电厂汽轮发电机组（来源：《百年工业看杨浦》）

图3-13　杨树浦发电厂冷水缸冲洗设备（来源：《百年工业看杨浦》）

图3-14　杨树浦发电厂电气控制室（来源：《百年工业看杨浦》）

2010年12月，根据市政府节能减排的要求，杨树浦电厂正式关停。电厂遗址被打造成杨树浦电厂遗迹公园。作为上海市优秀历史建筑和文物保护单位，该公园成为集工业文化、海派文化、红色文化于一体的城市新地标。

三、上海闸北发电厂

上海闸北发电厂（简称"闸北电厂"）位于军工路4000号。

1953年闸北水电公司实行公私合营，为上海市首批公私合营企业之一。1956年改为国营，定名为上海电业管理局闸北发电厂，1959年1月改名为上海闸北发电厂。

20世纪50年代至70年代，闸北电厂先后分四期扩建发电设备。在扩建工程中，我国拥有自主知识产权的第一台5万千瓦双水内冷发电

图3-15　上海闸北发电厂厂貌（来源：《百年工业看杨浦》）

机、国产第一台10万千瓦双水内冷机组先后在电厂投运，在装备制造业中具有里程碑意义。至1976年扩建完成后，电厂装机容量达到45.45万千瓦，是中华人民共和国成立前的13倍。闸北电厂为国家大型二档火力发电厂，也是全市发电厂中唯一的燃油火力发电厂，年发电量33亿千瓦时，约占上海地区总发电量的五分之一。

改革开放后，为适应社会主义市场经济需要，闸北电厂被确定为华东电网的主力调峰调频电厂，承担电网峰谷负荷的调峰调频使命。电厂在高度重视安全生产前提下，连续多年顶峰率达到100%，为城市电网安全运行发挥了积极作用。

1994年起，闸北电厂承担老厂技术改造任务，负责建设具有现代化水平的高科技新型电厂。从1996年8月第一台10万千瓦发电机组顺利

图 3-16 上海闸北发电厂发电机组（来源：《百年工业看杨浦》）

并网发电，到1997年4台10万千瓦的燃气轮机发电机组全面投入商业化运行，电厂成为一座具有国际水平、当时全国发电容量最大的燃气轮机发电厂。其安全运行指标、各项经济指标均名列全国燃机发电厂的前列，取得上海唯一能承担燃气发电机组检修（A级）资质证书。

作为民族企业，闸北电厂在上海解放前后的护厂运动和反轰炸斗争中都体现出自强自立的民族意识和家国情怀。该厂劳模毛克文发明的中国第一张汽轮机运行操作卡，成为电力行业"两票三制"的重要见证。20世纪60年代后，电厂在完成自身扩建和改造的同时，弘扬"全国一盘棋"精神并发挥老电厂的"孵化"作用，向四川、贵州、江苏等地的发电企业输送各类技工1 000余人、技术人员和干部300余人，为我国电力建设作出重要贡献。

图3-17　上海闸北发电厂技术人员巡查和监控供电设备（来源：《百年工业看杨浦》）

21世纪20年代初，按照国家能源局相关要求，闸北电厂有序完成关停转型工作。同时，通过建设虚拟电厂、电力工业博物馆、电力技术研学基地，该厂吸纳已有的"民族之光"爱国主义教育基地，形成"工旅文创"融合发展模式，全方位立体化促进电厂工业遗产保护利用高质量、可持续发展。

四、杨树浦煤气厂

杨树浦煤气厂（简称"煤气厂"）位于杨树浦路2524号。

1952年11月，上海市军事管制委员会征用英商上海煤气公司，将其改名为杨树浦煤气厂。

20世纪50年代，煤气厂开始扩建工程，1958年增建直立连续式碳化炉30门和UGI型自动控制水煤气炉2座，日产煤气达42.5万立方米，比1949年上海日产煤气量增加近3倍。1965年扩建同类型30门碳化炉1座，并相继完成了"联合运用伸入式煤斗和自动报警器""碳化炉机械放焦""碳化炉加焦机械化"三项技术革新，大幅度降低劳动强度。1976年建成4台三筒蓄热式重油催化裂解制气炉；1981年增建1台三筒蓄热式重油催化裂解制气炉，另增建2台直径3米的水煤气炉。经过四次增建及设备更新改造，该厂城市煤气日产量递增至118万立方米，占全市煤气供应总量的25%以上，其供应的煤气质量各项指标均优于国家二级考核标准，并承担全市煤气供应中的调峰职能。

1958年，煤气厂试制成功高间位甲酚，含量达66%，达到国际先进水平。1970年投入应用的"工业含酚废水的溶剂脉冲萃取脱酚"工艺，在废水处理上有较好成效。20世纪90年代，该厂"PDS法脱硫在城市煤气上的应用开发研究"促进了国内湿法脱硫工艺的发展，属国内首创；"乳化重油在油制气炉上的开发研究"探索了节约重油、降低单耗、提高企业效益、做好

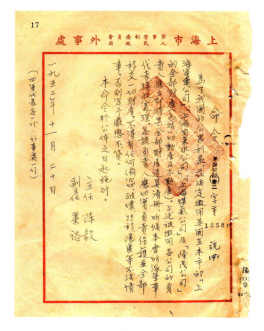

图3-18　上海市军管会征用英商上海煤气公司文件（来源：上海市档案馆藏）

图3-19　杨树浦煤气厂厂貌（来源：《百年工业看杨浦》）

环境保护工作的有效途径。2项研究项目分别获得1992年度、1996年度上海市科技进步三等奖。

根据节能减排和杨浦滨江功能转换的要求，煤气厂于2000年停产歇业。其留存的老建筑办公楼、高级职员住宅、上海现存最早的储气柜等建筑和构筑物，被公布为上海市优秀历史建筑。原厂旧址被公布为上海市文物保护单位。

图3-20　杨树浦煤气厂为邻近的第二十九纺织印染厂供气（来源：上海市档案馆藏）

第四节　工　业

一、上海第十二棉纺织厂

上海第十二棉纺织厂（简称"上棉十二厂"）位于腾越路195号。

1949年5月上海解放，上海市军事管制委员会接管中国纺织建设公司第十二纺织厂，1950年7月将其更名为国营上海第十二棉纺织厂。

20世纪50年代初，上棉十二厂不断改善工人劳动条件，劳动生产率日益提高，1956年工业总产值与劳动生产率比1949年分别增长161.45%和96.69%。1958年首创不拆坯布的织布工艺，得到纺织工业部与中国纺织工会的肯定，在棉纺织行业中推广。60年代初建立和健全一系列技术管理制度和技术责任制度，一类产品达标率达到90%，其中36/2×24/2支精梳纯棉卡其被评为全国优秀产品，上棉十二厂被市纺织局指定为专织卡其的定点厂，有"卡其大王"之称。

20世纪70年代中期，上棉十二厂与上海第一、第二纺织机械厂达成技术合作，开展国产精梳及细纱新机研制和中间性生产试验。1978年，A201C精梳机获全国科学大会奖，该厂被评为上海市大庆式企业。1984年水杉牌21支和20支纯棉起绒纱获国家银质奖。1985年水杉牌

36/2×24/2支精梳卡其和45/2×21支涤棉精梳卡其获国家金质奖。全厂优质品产值率达到50.5%，该厂被评为部、市质量管理先进单位。

20世纪70年代末，上棉十二厂建立健全全面质量管理体系，1983年获得上海市质量管理奖；首创工资总额包干不浮动改革方案，1985年获全国企业管理优秀奖。该厂工会制定的系列调研制度和实施的调研活动被市总工会作为先进案例，总结其经验并向全市推广。

随着改革开放不断深化，1986年以上棉十二厂为龙头，组建了有20余家企业参加的上海纺织行业第一家企业集团——上海康达纺织联合公司（简称"卡其集团"）。1986年在牙买加创办中牙合资涤棉纺织有限公司，为上海纺织行业第一家在国外开设的棉纺织合资企业；同年6月在上海闵行经济技术开发区创办中美合资上海康景服装有限公司；翌年成立中美合资上海康奇皮革制品有限公司。1988年，该厂二纺工场改造工程大面积采用FA503型492锭长车和A515B型504锭长车，为全国第一家试用单位。该工程也获得1989年纺织工业部科技进步二等奖。同

图3-21　上海第十二棉纺织厂厂门（来源：《百年工业看杨浦》）

图 3-22　上海第十二棉纺织厂纺织车间（来源：《百年工业看杨浦》）

年上棉十二厂被评为国家二级企业。

随着产业结构调整，上棉十二厂于 1998 年 1 月停止经营。原厂区改建成适宜儿童娱乐游玩的无动力室外乐园——卡其乐园。

二、上海第十七棉纺织厂

上海第十七棉纺织厂（简称"上棉十七厂"）位于杨树浦路 2866 号。

1949 年 5 月上海解放，上海市军事管制委员会接管中国纺织建设公司第十七纺织厂，1950 年 7 月将其更名为国营上海第十七棉纺织厂。1992 年上棉十七厂改制为龙头股份有限公司，1993 年正式挂牌上市。

　　自20世纪50年代起，以生产龙头细布为主的上棉十七厂转产精梳、阔幅纯棉产品及涤棉、涤粘中长、腈棉等不同配比和规格的混纺产品，坯布品种有阔狭幅纯棉细布、灯芯绒、涤棉府绸、牛津纺和涤粘中长华达呢等系列产品。60年代生产的大鹏布远销瑞典及中国港澳地区。1972年，上棉十七厂成为全国第一家批量生产棉型腈纶针织纱的企业。80年代初，上棉十七厂形成多纤维、多品种产品结构，品种经常保持在70种左右，80%的产品供直接或间接出口，年创汇1 200万至1 400万美元，主要技术经济指标水平居全国同行业领先地位。上棉十七厂龙头牌针织纱与华达呢分别于1982年和1984年获国家银质奖。1984年起，上棉十七厂出口纱布产品获上海市优质出口商品称号。1990年9月，上棉十七厂牛津纺产品获国家金质奖。

　　上棉十七厂在贯彻落实国民经济第一个五年计划期间，深入开展社会主义劳动竞赛，涌现出一批全国劳动模范、全国先进生产者和全国三八红旗手，女工黄宝妹为杰出代表，多次受到老一辈党和国家领导人接见。著名导演谢晋在该厂拍摄了工人自己演自己的艺术纪录片《黄宝妹》。2021年，习近平总书记向黄宝妹颁授了"七一勋章"。20世纪50

图3-23　全国劳模黄宝妹在技术带教（来源：新闻晨报）

图3-24　艺术纪录片《黄宝妹》（来源：澎湃网）

年代间，该厂向北京、郑州、西安、石家庄及新疆等地的纺织新兴企业输送七百余名各级管理及技术专业人员。改革开放后，上棉十七厂在国企改革和企业现代化管理上先试先行，1983年成为上海纺织系统第一家"利改税"改革整顿验收合格的大型企业。1984年，上棉十七厂成为全市首批试行厂长负责制和企业工资总额与经济效益挂钩浮动的"四配套"改革的企业之一。1986年，上棉十七厂被评为全国思想政治工作优秀企业，1987年获全国五一劳动奖状和国家质量管理奖。1989年12月，上棉十七厂成为纺织工业中首批荣获国家一级企业称号的企业之一。同年，上棉十七厂在全国50个利税大户中名列第10位，居全国纺织企业首位。

为配合上海制造业结构性转移，2007年，上棉十七厂生产设备和人员陆续迁往江苏大丰上海纺织产业园区。工厂原址改造更新为集体验、文化、创意、休闲等多种时尚元素为一体的上海国际时尚中心。上棉十七厂前身"裕丰纺织株式会社"旧址被先后公布为上海市优秀历史建筑和文物保护单位。

图 3-25　上海第十七棉纺织厂厂门（来源：《百年工业看杨浦》）

图 3-26　上海第十七棉纺织厂自动络筒车间（来源：《百年工业看杨浦》）

三、上海第五毛纺织厂

上海第五毛纺织厂（简称"五毛厂"）位于杨树浦路670号。

1954年1月国家收购英商怡和纱厂，将其更名为公私合营上海裕华棉毛麻纺织厂。经数次调整易名，1966年10月定名为国营上海第五毛纺织厂。

1957年起，该厂进行专业调整和老厂改造，经多次技术改造升级，成为国家大型毛纺织企业。1973年起先后成功试制高级羊绒花呢和驼绒混纺花呢、62支单面华达呢、10.5盎司薄型单面华达呢以及高支薄型各类花呢，形成以"鹦鹉""古筝""雄鹰"为商标的华达呢、哔叽、凡立丁、直贡呢、薄花呢、啥味呢等系列产品。1979年，在首届全国质量

图3-27　反映上海第五毛纺织厂工作的《工交情况》（来源：上海市档案馆藏）

图3-28 上海第五毛纺织厂厂区（来源:《百年工业看杨浦》）

月总结表彰大会上，V86501全毛单面华达呢（鹦鹉牌）获国家银质奖。1988年，五毛厂有四种产品的质量指标达到行业第一名。"古筝"牌精纺呢绒于1989年、1997—1999年被评为上海市名牌产品。1994年该厂"防水防蛀精纺呢绒"获上海市科技进步二等奖。1995年该厂高起点开发生产羊毛衬衫面料，首创全毛可水洗、机洗面料。该厂"全毛防缩精纺呢绒""全毛防缩机可洗精纺呢绒"先后获上海市优秀新产品二等奖，全毛形态安定（抗皱）精纺呢绒获"市级新产品奖"。1989年该厂被评为国家二级企业，并连续数年被评为上海市"重合同、守信用"单位。

五毛厂产品在出口创汇上取得较好成绩。1954年该厂开始对苏联出口女式呢、单面花呢、华达呢等产品。至1996年，该厂50%产品供应出口，远销欧美、加拿大、日本、中东、澳大利亚等数十个国家和地区，年外销量达100多万米。V86501全毛单面华达呢被评为上海市优质出口产品。

2000年，五毛厂停产歇业。

1999年，工厂旧址被公布为上海市优秀历史建筑。2021年，老怡和纱厂门前被公布为红色革命遗址——恽代英烈士被捕处。

四、上海制皂厂

上海制皂厂（简称"上皂厂"）位于杨树浦路2310号。

1952年6月，上海市人民政府接管英商中国肥皂有限公司，将其更名为华东工业部中国肥皂公司。1955年7月该公司被定名为上海制皂厂。1960年10月，五洲固本肥皂厂等并入，上皂厂成为当时全市唯一的专业制皂厂。1998年7月，以上皂厂和上海油墨厂为核心组建了上海制皂（集团）有限公司。

1960年，上皂厂开始生产蜂花牌檀香皂。1979年起，以蜂花牌檀香皂为主导产品，形成蜂花、美加净、白丽、上海、扇牌和固本6大系列产品，在国内香皂市场占领先地位。其中蜂花牌檀香皂3次获国家银质奖，为国内制皂业首获国家级奖的产品，并获评全国轻工业优质产品；美加净三色香皂获轻工部科技成果奖；裕华硼酸浴皂、绿化香皂、四合一香水皂、海鸥硫磺香皂、固本洗衣皂等21个品种被评为上海市名牌产品，在国内香皂市场占主导地位，并远销欧美、东南亚等50多个国家和地区。1991年11月，上皂厂在中国物品编码中心申请成功条形码，成功进入海外零售市场。2005年、2006年，"扇

图3-29　1979年，蜂花牌檀香皂获得国家银质奖（来源：上海制皂网）

图3-30　白丽美容香皂
（来源：上海市档案馆藏）

牌""白丽"入选《上海市著名商标》，2007年，"扇牌""蜂花"入选《中国名牌》。1988年，上皂厂开发白丽美容香皂，为国内首创的第一代多脂类香皂，成为国内香皂升级换代标志性产品，次年被评为轻工业部优秀新产品。"今年二十，明年十八"的白丽美容香皂广告语曾风靡一时。

1977年，上皂厂采用先进脉冲式连续皂化新工艺替代间歇式大锅皂化法，填补了我国制皂工业的空白，获国家科技进步二等奖。1993年，上皂厂五车间技术改造系统竣工，该厂成为无烟囱工厂。

1990年，上皂厂被评为国家一级企业。1991年11月，上皂厂被确定为全市11家试行税利分流、税后还贷、全员劳动合同制配套改革的试点单位之一。并于1992年完成全员劳动合同制改革。该厂分别于1987年、2000年承担了香皂、洗衣皂国家标准（GB8113、GB8112）起草和修订工作。

1986年起，上皂厂先后与英国联合利华公司、中国香港南源永芳集团、印度尼西亚相关企业、荷兰联合利华有限公司合资创办企业。1995年3月，上皂厂与荷兰联合利华有限公司合资组建的上海制皂有限公司开业，为当时国内生产规模最大的合资制皂企业。

图3-31   上海制皂厂香皂生产流水线（来源：《百年工业看杨浦》）

图3-32   上海制皂厂名、特、优产品陈列（来源：《百年工业看杨浦》）

2007年，为顺应黄浦江两岸整体开发要求，上海制皂有限公司整体迁至桃浦生产基地。上海制皂厂原污水处理车间以及生产池等被打造为一个集博物展览、手工互动和特色餐饮于一体的城市休憩空间——皂梦空间。

图3-33　上海制皂厂原办公楼（来源：《百年工业看杨浦》）

五、中华造船厂

中华造船厂位于复兴岛共青路130号。

1953年1月，中华造船机器厂实行公私合营，改名公私合营中华造船厂，1966年11月更名为东方红造船厂，1973年1月定名为中华造船厂。

1953年公私合营后，先后有16家私营企业并入该厂。在国家资助下，船厂开始基本建设和技术改造，先后建成三距船体冷加工车间、新放样楼、舾装车间、船体车间、南码头造船车间、2万吨级的钢砼舾装码头、1至3号钢砼结构船台、运输浮码头；搭建了1至8号8座平台，用于船体分段建造；将董家渡船坞整修为7000吨级船坞。1983年，中华造船厂被中国船舶工业总公司列为首批技术改造单位，至1990年，船体新冷加工车间、沪南分厂铜电综合楼及装焊车间、钢材预处理流水线车间等大型厂房相继建成，并自制和配置一批重、大、精设备。中华造船厂从解放初期只能制造小轮船的船厂，成为中国能建造2万吨级以下远洋和近海多用途集装箱货船、客船、油船、气垫船，石油钻井平台、各类工程船舶及导弹驱逐舰、大中型登陆舰等军用舰艇以及Ⅰ～Ⅲ类压力容器、重型机械设备、1万～20万立方米螺旋湿式煤气柜系列和2万～30万立方米稀油密封干式煤气柜系列等非船产品的综合性造船企业。中华造船厂与烟台造船厂联合建造的"胜利三号"坐底式钻井平台是我国第一座按中国船检局《海上移动式钻井船入级与建造规范》要求进行设计的坐底式钻井平台，获1988年上海市优秀新产品一等奖；中华造船厂"协作研制浅海坐底式钻井船"项目获1990年中船总公司科技进步一等奖。该厂1994年为上海煤气公司真如燃气储配站建造的当

图3-34　中华造船厂厂门（来源：《百年工业看杨浦》）

图3-35　中华造船厂建造的坐底式钻井平台"胜利三号"（来源：《百年工业看杨浦》）

时亚洲最大的2座30万立方米稀油密封干式煤气柜，进一步缓解了上海市民"用气难"的问题。

改革开放后，中华造船厂开拓国际船舶市场，为德国、丹麦、挪威、美国、日本、泰国、英国、荷兰等十多个国家和地区建造各类船舶50余艘，获得国际赞誉，是国务院批准的首批机电产品出口基地之一，也是我国建造出口船舶最早、出口数量最多、出口国家和地区最广的造船企业之一。

至20世纪90年代，中华造船厂总计造船1 520余艘，总吨重约70万吨，建造1万立方米以上各类煤气柜90余座。建造的各类产品在中国造船工业历史上创造了诸多"第一"，曾获得国家质量"一金五银"奖和百余项科研成果（产品）奖。1989年5月，中华造船厂被评为国家二级企业。1996年，中华造船厂在我国船舶工业系统率先取得中国船级社

图3-36　中华造船厂制造出口丹麦的2 700吨多用途船（来源：上海市档案馆藏）

和新时代质量认证中心颁发的ISO9001质量体系认证证书。中华造船厂是国家重点造船企业和军工生产定点企业之一，为发展国内外航运事业和加快我国海军现代化建设作出积极贡献，为全国9大船厂之一。

2021年，根据中国船舶工业集团公司的统一部署，中华造船厂与沪东造船厂联合重组为沪东中华造船（集团）有限公司，于当年4月8日挂牌成立，强强联合形成产权结构多元化、产品经营多样化的大型造船集团公司。

图3-37　中华造船厂制造的干式煤气柜（来源：上海市档案馆藏）

六、上海船厂

上海船厂（浦西厂区）位于杨树浦路468号。

1949年5月，上海市军事管制委员会接管招商局机器造船厂，改名为招商局轮船股份有限公司船舶修造厂。1951年11月，该厂改名为中央人民政府交通部海运管理总局上海船舶修造厂。1952年8月，市军管会征用英联船厂，并将其改名为军管英联船厂。1954年1月，军管英联船厂主厂（浦西分厂）并入上海船舶修造厂。1985年3月，更名为上海船厂。

图 3-38　1954 年，第一幢钢筋混凝土结构厂房的建设工地（来源：《百年工业看杨浦》）

　　20 世纪 50 年代，上海船舶修造厂以修船为主，在国家投资和支持下，工厂的规模和生产建设得到迅速发展。1958 年，该厂成功研制国内第一台 2 000 马力船用柴油机。1959 年首次自主设计建成 3 000 吨级沿海货船"和平 49 号"。该厂从 1970 年在 3 000 吨船台上建造"风雷"号万吨远洋货船开始，即自行设计建造了三十多艘大中型船舶，并自制了六十多台大中型船用柴油机与之配套。其设计并建造的一批适航长江申汉线的"东方红"号型客货轮，成为长江申汉客运的主力。1984 年上海船厂与 708 研究所等合作设计并由该厂建成的国内第一座半潜式海上石油钻井平台"勘探三号"获得 1985 年国家科技进步一等奖和 1986 年国家金质奖等奖项。在设计建造"勘探三号"的整个过程中，上海船厂的建设者群策群力，共提出合理化建议和技术改进建议 140 余项。船厂还制造水利、冶金、城建等部门重点工程所需的大型机械设备、大型钢结构、隧道盾构

图3-39 上海船厂老师傅传帮带青年工人（来源:《上海船厂的百年"船"奇》）

图3-40 上海船厂建造的"勘探三号"海上石油钻井平台（来源:《中国船检》2021年第11期）

图3-41　航行在长江的东方红号客货轮（来源：中国水运网）

图3-42　上海船厂建造的中国第一艘自行设计的出口万吨级远洋货轮"绍兴"号（来源：《中国船检》2021年第3期）

掘进机等。船厂参与建设的吴淞路闸桥钢结构制作安装工程和内环线2.7标苏州河钢桥制作安装工程获上海市首届金属结构优质工程"金钢奖"。1998年、2007年，船厂分别对浦西分厂的2号、1号船坞进行改建。

20世纪60年代，上海船厂即开始承担船厂设计援外工程，从1969年起，船厂批量建造了自行设计或联合设计的多用途货船、集装箱船、冷藏船等大型船舶，并向波兰、德国、塞浦路斯、新加坡、古巴、伊朗等国出口。1978年11月，上海船厂建造的中国第一艘自行设计并出口的万吨级远洋货轮"绍兴"号交付使用，船上装配的国内第一台随船出口的国产主机6ESDZ76/160低速重型柴油机获得1978年全国科学大会成果奖。"绍兴"号的成功建造，也为中国造船进军国际市场发挥了重要示范作用。之后，上海船厂先后建造40多艘出口远洋船舶，出口到十多个国家和地区。20世纪80年代起，船厂修船以大型外轮为主，并改建特种船舶和海上石油钻井平台，先后与外商合作建立了11个船舶专业技术维修服务站，修船能力居国内前茅；造船、造机、修船、生产非船产品等已成为工厂主要生产经营项目。1998年，上海船厂取得了中国船级社ISO9001：1994质量体系认证证书，于2000年取得了英国劳氏船级社ISO9001：1994质量体系认证证书，于2003年取得了这两家船级社的ISO9001：2000质量管理体系认证证书。

2000年以后，为配合浦江两岸的开发，上海船厂搬迁至崇明岛，建立全新的修船和造船基地。2007年3月28日，上船公司在崇明岛造修船基地揭牌；浦西分厂旧址被规划建设为考古博物馆的上海博物馆北馆。

图 3-43　船舶设计工艺所设计大室（来源：《百年工业看杨浦》）

图 3-44　上海船厂老船坞（来源：《上海船厂的百年"船"奇》）

七、上海渔轮厂

上海渔轮厂（简称"渔轮厂"）位于复兴岛共青路430号。

1949年5月上海解放后，上海水产公司接管华利船厂，将其改名为上海水产公司渔船修理所，并迁至复兴岛共青路430号。1951年后该厂又先后改名为华利机器船厂、上海水产公司船厂以及上海渔轮修造厂。1981年更名为上海渔轮厂，为全国五大渔轮厂之一。

上海解放初期，国家给予该厂较大投资，支持其不断扩大和完善生产的基础设施，使该厂从解放前只能承担渔轮小修理业务发展至修造并举。1955年，该厂大修渔轮75艘，比1950年上升27艘，同时开始建造日式木壳对拖渔轮。1956年，该厂自行设计制造了184千瓦柴油机以及184千瓦国内最大的木壳渔轮。1957年增设5吨汽锤1座，为上海第一台最大的锻压设备。1958年，该厂设计制造257千瓦（350马力）的钢筋木壳对拖渔轮，改为铁壳后批量生产，并获国家新产品三等奖；1960年，为配合建造钢质渔轮，渔轮厂成功试制自行设计的184千瓦6260C型和257千瓦6260ZC型船用柴油机。后6260ZC型船用柴油机经改进设计功率提高到294千瓦，1964年获国家新产品一等奖。同年该厂又在294千瓦的基础上，将6260ZC型柴油机的功率提高到441千瓦，并将其大量用于新建的拖网、围网渔轮上，该产品获农业部科技成果二等奖。1970年，渔轮厂成功设计建造SY814型279千瓦中国第一批灯光围网渔轮。1972年，渔轮厂技术改造项目国内第一座船体抛丸除锈设备设计建造成功。

1973—1976年，渔轮厂新建渔轮16艘，其中8艘SY320W型拖网渔船出口援助几内亚及柬埔寨发展捕捞生产。1982年，渔轮厂设计

图3-45　上海渔轮厂生产的木质渔轮（来源：上海市档案馆藏）

图3-46　6260ZCY型400马力船用柴油机及可变螺距推进器（来源：上海市档
　　　　案馆藏）

图3-47 围网渔轮（来源：上海市档案馆藏）

建造的8105型198吨重拖网渔船获国家银质奖和部级优质产品奖，成为80年代主要更新渔轮。1982年，渔轮厂建造的中国第一艘冷海水保鲜运输船"沪渔冷一号"通过鉴定。1987—1988年，渔轮厂设计建造8157型300吨重尾滑道拖网渔轮，以适应我国远洋渔业发展需要。1989年，渔轮厂成功试制新一代X6260ZC型船用柴油机，该产品被评为1990年度国家级新产品。在继续开发生产船机新产品及完成修造渔轮任务的同时，渔轮厂以市场为导向，研究制造非船舶产品。在淡水养殖方面设计生产高效饲料颗粒机及高效增氧机；在鱼产品加工方面生产轧片机及烘干机等。1987年起生产CA485Q型柴油机，供叉车及装载机配置，与修船、造船、造船用柴油机并列为企业的四大产品之一。1988年开始建造新开发船型8157型全速冻尾滑道拖网渔轮，该产品获国家优质产品奖。此外，该厂在互利原则下，开展横向经济联合，1985—1988年形成了以上海渔轮厂为主，七个联营分厂协调分工、优势互补的联合体系。1993年，该厂生产结构调整，首次修理大型远洋渔轮和万吨级货轮。

因市场供需变化，2000年7月，上海渔轮厂停止经营。

图3-48　上海渔轮厂新船下水（来源：上海市档案馆藏）

图3-49 上海渔轮厂产品陈列室（来源：上海市档案馆藏）

图3-50 上海渔轮厂50周年厂庆（来源：上海市档案馆藏）

第五节　教　育

一、上海理工大学

上海解放后，沪江大学常务校董会议任命教务长余日宣、校牧张春江、教授蔡尚思组成行政委员会，暂行校长职能。中华人民共和国成立后，沪江大学在中国共产党的领导下，开启了自上而下的初步民主改革。

1952年高等院校院系调整，华东工业部上海工业学校接管了沪江大学校舍，招收了2 100多名学员，于11月17日正式开学。

在中华人民共和国工业建设的热潮中，学校用六年时间完成了中等工业学校向高等专科学校的发展。此后又用两年时间，于1960年实现了专科院校向本科院校的跨越，随着锅炉制造、汽轮机制造、柴油机（内燃机）制造三大动力专业由复兴路上海动力机器制造学校调入军工路校区，短短数年里奠定了今天上海理工大学"制造业黄埔军校"的基础。

1960年，为适应国防工业发展的需要，学校升格为国防性质的工业类本科大学，定名上海机械学院，隶属国家第一机械工业部，办学目标为重点发展军用仪器仪表制造专业和动力装备制造专业。一所新型的工科大学由此诞生，大批高级工程技术的专门人才相继从这里走出，足迹踏遍白山黑水、荒漠戈壁，为中华人民共和国大国重器和国家战略性工业的崛起贡献了智慧和汗水。

改革开放后，学校进入一个蓬勃发展的新时期，学科建设格局由"小而精"演变为"高而新"，研究生教育取得突破性进展，办学实力显著增强。1981年11月，经国务院学位委员会批准，学校热力涡轮机械、热能工程、制冷及低温工程、光学仪器与工程热物理专业首批获得硕士学位授予权。1984年1月13日，国务院学位委员会批准学校热能工程

图3-51 学校定名为上海机械学院的文件（来源：上海理工大学档案馆藏）

学科博士学位授予权；同年12月，学校热能工程专业开始招收博士研究生。1986年是学校学科发展成果丰硕的一年，当年6月1日，国务院学位委员会批准上海机械学院新增热力涡轮机械、工程热物理和低温工程专业3个博士点和4位博士生导师（刘高联、蔡祖恢、王乃宁和华泽钊），使学校的动力工程及工程热物理一级学科中的二级博士点数跻入全国最前列。

这一时期，学校科研工作开始进入全面发展的新阶段，研究成果不断涌现，研究成果质量居于机械工业部部属高校前列。1980年，学院附属工厂参与运载火箭部件的研制项目获得成功，中共中央、国务院、中央军委来电祝贺。刘高联教授负责的"三元流动变分原理及优化设计"和"叶轮机械三元流动变分原理及有限元计算"项目，分别于1982年

图3-52　华东工业大学揭牌仪式（来源：上海理工大学档案馆藏）

和1985年获国家机械工业部科技成果一等奖。1987年，刘高联教授领衔的"叶轮机气体动力学理论体系的建立与系统研究"项目荣获国家自然科学二等奖。由戴兴庆教授主持研制的"JMZ—数字式激光自动跟随瞄准仪"项目成为"长征三号"火箭的配套设备，1995年通过质量评审，在西昌卫星发射中心一次调试成功。由系统工程研究所马重光和赵建中负责的国家级课题"宝钢1900连铸机系统工程研究"通过了国务院重大办主持的国家级鉴定，并获机电部和冶金部联合表彰，1990年获国家重大装备成果特等奖。

　　1994年，学校更名华东工业大学，完成了从单一的工科大学向以工为主的多科性大学的过渡。1996年，华东工业大学和由德文医工学堂延续而来的复兴路上海机械高等专科学校调整合并，组建上海理工大学。学校划归上海市管理，并迅速融入上海经济社会和上海地方高校建设布局体系。不久之后，上海市政府批准庄松林院士带领的上海光学仪器研

图 3-53　上海理工大学挂牌仪式（来源：上海理工大学档案馆藏）

究所并入上海理工大学，推动了学校光学工程学科建设的跨越式发展。

上海市政府将学校列为市属高校中重点建设的三所高校之一，并把两所特色鲜明的专科学校——上海医疗器械高等专科学校、上海出版印刷高等专科学校，划归上海理工大学管理，以两校部分资源参与组建上海理工大学医疗器械学院和出版印刷学院。医疗器械和出版印刷这两个新兴的都市产业学科的加入，使学校办学门类由工科领域扩展至文化和健康产业，奠定了如今上海理工大学医工交叉等特色学科和优势学科的基础。学校还与杨浦区人民政府和上海市科学技术协会联合投资组建上海理工大学科技园，该园以翔殷路128号为总部园区，辐射徐汇、闵行、张江、南汇四个分园，园区总占地面积达180亩。2006年10月，上海理工大学科技园被国家科技部和教育部认定为国家级大学科技园。

这一时期，学校的科研开发紧紧围绕国家重型装备需求，直接面向大机械、大电气、航空航天、军事工业等国家建设主战场。在大型发电

图3-54　上海理工大学医疗器械学院和出版印刷学院成立大会（来源：上海理工大学档案馆藏）

设备自主创新和引进消化吸收再创新方面，与企业共同研发设计大型机床和专用机床方面，核电产品、大型铁路装备产品的设计与制造方面，都取得了丰硕的成果。另外，学校还承担了神舟五号、六号、七号飞船的重大配套项目，并取得重大突破，成为少数几个为航天作出贡献的非航天序列的院校。2003年11月，蒋旭平教授主持研制的"风机气动性能与可靠性自动测试台"，作为"神舟五号"的气动性能测试实验设备，受到国家航天总局和中国空间技术研究院的嘉奖，并获赠中国空间技术研究院颁发的《神舟五号飞船载人飞行成功纪念》证书。学校大力发展产学研基地建设，与上海电气集团、上海汽车、哈尔滨电气集团公司、上海建工等大型企业集团进行了多类型的产学研合作，承担了大量的企

图3-55　建校百年庆典大会（来源：上海理工大学档案馆藏）

业重点攻关科研项目，合作培养研究生1 100余人；学校为上海机床厂、太原机床厂等大型企业研发设计的七大类十多种大型机床和专用机床大大提升了我国机械工业的加工制造水平。

2006年，学校举行庆祝建校100周年庆典大会，国家教育部和上海市政府发来贺信。2008年，上海海洋大学原军工路318号校址、上海电机学院原军工路1100号校址并入军工路校区。学校办学空间由沪江大学时期的300亩扩展至近1 000亩。

作为国内最早开展国际合作办学的高校之一，学校先后成立中英、中德国际学院，提升中外合作办学质量，并逐步将沪江大学优秀历史建筑群改造成沪江国际文化园，于2011年10月开园。随着2019年沪江大

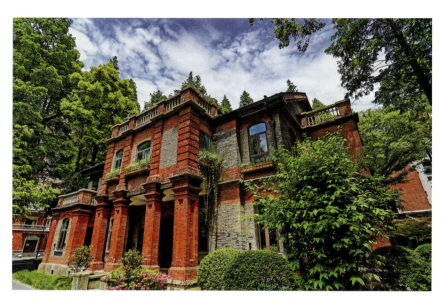

图 3-56   沪江国际文化园德国文化交流中心（来源：上海理工大学档案馆藏）

学近代建筑被国务院公布为第八批全国重点保护文物，沪江国际文化园已成为学校和上海文化建设和对外交往的重要依托。

2016年上海理工大学建校110周年之际，学校首次进入全国高校百强排行榜，跻身地方高水平大学建设试点院校行列，成为上海地方高校中引领行业产业进步和服务区域重大战略需求的重要力量之一。学校主动对接国家和上海战略需要，以未来光学、智能制造、医疗器械与康复工程三大国际实验室和系统管理一个特色平台为载体，建设光学工程、系统科学、动力工程及工程热物理、机械工程、生物医学工程、管理科学与工程六大一流学科，并持续支持各学科发展。学校作为国内装备制造、医疗器械、出版印刷行业骨干高校，学科布局不断优化，现有64个本科专业，其中国家级一流专业建设点20个，上海市级一流专业建设点13个。学校有8个一级学科博士学位授权点，29个一级学科硕士学位授权点，19个硕士专业学位类别，6个博士后科研工作流动站。

上海理工大学在118年的历史发展中，坚守立德树人使命，秉持"信义勤爱，思学志远"的校训。在风雨如磐、苦苦探寻救亡图存出路的年代，在社会主义革命、建设、改革时期，一代又一代上理人与时代同呼吸，与国家共命运，用牺牲、奉献、担当、奋斗的爱国主义精神书写了学校百年薪火相传的辉煌历史。

二、上海海洋大学

上海解放前夕，国民党军败退复兴岛准备逃往台湾时，水产教育家侯朝海毅然决定留下。他不顾个人安危，带领学生及时撤离复兴岛，为中华人民共和国保留了一支重要的水产人才队伍。

上海解放后，党和政府十分重视水产教育事业、振兴水产业，为老百姓提供更多高蛋白食品，改变中国人以谷物杂粮为主的饮食结构，学校迎来史无前例的发展新机遇，学校的发展规划和校园建设得到有序推进。

1949年6月，上海市军事管制委员会接管学校。经华东军政委员会教育部、水产管理局规划调整，同年将江苏省立水产职业学校并入。1951年，更名为上海水产专科学校，以军工路334号为校址，5月迁入杨浦区新址办学，与上海梅林罐头食品厂、上海市海洋渔业公司等紧密联动，使杨浦成为当时中国水产和食品事业的教育与产业重镇。

在全国院系调整之际，华东水产局等部门先后调入圣约翰大学朱元鼎、东吴大学陈子英、大同大学戴岂心等名师，于1952年组建中国第一所独立建制的本科水产高等学府——上海水产学院，设置海洋渔业系、养殖生物系、水产加工系和海洋渔业研究室，设有海洋捕捞、航

图3-57 上海水产专科学校时期校门（来源：上海海洋大学档案馆藏）

图3-58 上海水产学院时期校门（来源：上海海洋大学档案馆藏）

图3-59 上海水产大学时期军工路校区校门（来源：上海海洋大学档案馆藏）

图3-60 上海海洋大学时期军工路校区校门（来源：上海海洋大学档案馆藏）

海、水产加工、水产养殖和水产生物五个本科专业，学制四年。随着河北省水产专科学校、暨南大学水产系部分师生和设备并入，上海水产学院充实发展为当时国内最具实力的水产高等学府。

20世纪五六十年代，杨浦区军工路校园发展迅速。由著名建筑学家张乾源主持建设的图书馆、养殖生物大楼、加工楼等先后落成。除了校区建设日渐完善，上海水产学院又先后获拨水产、奋发、图强号等实习船。1955年，上海市建委划拨控江路杨家宅56亩土地给学校建淡水养殖试验场，即今仿杭州西湖景致建设的杨浦公园，成为市民休闲放松的场所。学校的土地和硬件设施初具规模，由朱元鼎创建的鱼类标本室成为远东地区颇具影响力的鱼类标本室之一，杨浦滨江地区矗立起一座面貌一新的高等学府。学校还先后参加筹建舟山水产学院、东海水产研究所、连云港水产学校等单位，高等教育和科研事业在全国各地开花结果，成为中华人民共和国水产高等教育的摇篮。

1959年，响应"养捕并举"方针，学校开展家鱼人工繁殖及池塘养鱼大面积高产研究，在长三角一带成效显著。这些成果经过推广，走出校园，转化为生产一线的生产力，有效促进了水产养殖业发展，提高了

图3-61　20世纪50年代的教育大楼
（来源：上海海洋大学档案
馆藏）

图3-62　20世纪50年代的实验楼
（来源：上海海洋大学档案
馆藏）

图3-63　20世纪五六十年代学生皮划艇训练（来源：上海海洋大学档案馆藏）

上海人民的水产品供应水平，丰富了市民的"菜篮子"。

1954年起，著名鱼类学家朱元鼎率队开展鱼类区系调查，为中国五千年来含混不清的鱼类家族定家谱，先后出版《南海鱼类志》《东海鱼类志》等专著；陆桂等带领师生分赴长江干支流、新安江、新疆博斯腾湖等地，创新水产养殖技术，破解生产一线的技术瓶颈；施彬与上海市海洋渔业公司合作，成功试制国内第一台探鱼仪，使鱼群探测技术迈上新台阶；王素娟长驻虾峙岛栉风沐雨，攻克"海带南移舟山"难题；郑刚、张英等培育出世界首颗人工插核淡水珍珠……三年困难时期，学校将实习渔获物分发给兄弟高校，守望相助，共克时艰。

与水打交道，需要学生熟悉水性、善于游泳。学校背依复兴运河、黄浦江，为学生水上训练提供了得天独厚的便利条件。学校借助滨水优势，陆续成立了由游泳、赛艇、水球队等组成的大学生水上运动队，很快成为上海市水上运动的一支劲旅，屡屡在上海和全国赛事中摘金夺银，从中走出了国家体育总局副局长张发强、国家男子赛艇队主教练陈士麟、著名鱼类学家宋佳坤等杰出人才。

1972年，受"左"倾思想冲击，学校一度搬迁至厦门集美办学。拨乱反正后，经国务院批准，于1979年在杨浦原址复校。1985年学校更名为上海水产大学。20世纪70年代，乐美龙作为中国政府代表团副代表出席联合国第三次海洋法会议，在谈判席上据理力争，为全球海洋治理贡献中国智慧。

1985年，学校派教师季星辉远赴西非开拓远洋渔业，与中国水产总公司共同谱写了中国远洋渔业史上的伟大壮举。在中国远洋渔业的开创时期，季星辉远离故土、十年三赴西非，以卓越的技术能力成长为"中国远洋渔业技术之父"。1989年，年届花甲的王尧耕带队赶赴日本海探捕鱿鱼成功，开创中国鱿钓渔业，被尊为"中国鱿钓科技之父"。学校师生将大学课堂从杨浦区搬到了世界的大洋大海上。

学校罐头食品学科历史悠久，涌现了王刚、骆肇尧等奠基人物。罐头曾是中国食品工业的重要支柱之一，也曾经是国家出口创汇的支柱产

图3-64 "浦苓"号实习船（来源：上海海洋大学档案馆藏）

图3-65　1998年拍摄的校景（来源：上海海洋大学档案馆藏）

业。学校为中国罐头产业的发展屡建殊勋，不仅通过多种方式培养了大量人才，而且解决了一系列技术瓶颈。1957年，学校专家解决了三片罐交接处的密封工艺问题，有效提高了罐头密封与安全性。1958年起，学校在全国率先开设罐头食品工艺专业，开始培养罐头食品专业本科人才，为上海梅林罐头食品厂等食品企业输送人才，提供科技支持和人员培训，为打造闻名世界的"梅林"罐头等产品提供了重要支撑。"罐头是无需再添加任何防腐剂的食品，是非常安全的食品。"如今的中国罐头行业基本实现专业化、机械化，成为世界罐头出口大国[1]。

　　21世纪，李思发战高温、历严寒，十六年如一日选育团头鲂"浦江1号"。这是世界上首例人工选育的草食性鱼类良种，也是老百姓日常餐

① 胡美兰.乘风破浪直挂云帆——中国罐头食品工业百年纪事［N］.中国食品安全报，2021-9-4（A2）.

图3-66　航海模拟实验室（来源：上海海洋大学档案馆藏）

图3-67　2002年建成的鲸馆（来源：上海海洋大学档案馆藏）

图3-68　2007年军工路校区鸟瞰图（来源：上海海洋大学档案馆藏）

饮的主打消费鱼种。王武走遍江河湖海推广水产技术，服务国计民生，造福千家万户。学校指导台湾苗栗养蟹成功，系中国大陆首个成功输台农业技术。点点滴滴，尽显家国情怀；条条线线，皆是民生所系。

2008年，学校更名为上海海洋大学，2017年入选"双一流"学科建设高校，2022年入选第二轮"双一流"建设高校。学校踏浪五湖四海，服务国计民生，以杨浦校园为讲堂，以大洋大海为课堂，走出一条"聚焦、错位、合作、共赢"的发展之路。

海洋高等教育来自人民，服务人民。上海海洋大学在杨浦区办学期间，更加巩固和加强了"把论文写在祖国的江河湖泊和世界的大洋大海上"的办学传统。杨浦区是中华人民共和国名副其实的海洋高等教育策源地，为中国海洋、水产和食品业谱写了不朽篇章。

第六节　杨浦大桥

　　黄浦江全长约113公里，是上海浦东和浦西的天然分界线，江面宽阔且水深浪急，正如脍炙人口的《上海滩》歌中所唱"万里滔滔江水永不休"。然而彼时一江之隔，风光迥异。"黄浦江之西大厦高楼繁荣特甚，浦江之东是为浦东平原旷野……世界各大商埠如伦敦、纽约、巴黎、柏林等河道两岸，未有不建筑桥梁地道以利交通者。独上海商埠，一江相隔遂成天堑。"建造越江大桥连通两岸，是上海人民长久以来的心愿。

　　1991年，南浦大桥通车运营，实现了黄浦江上海市区段越江大桥"零"的突破。在建设南浦大桥的同时，杨浦大桥也进入规划当中。1990年9月20日，国家计划委员会（现为国家发展和改革委员会）批复上海："为在'八五'期间形成浦东开发的起步条件，解决浦东、浦西间的越江交通问题，同意建设宁浦大桥。"宁浦大桥在浦西与杨浦区宁国路相接，越江连接浦东，因此最初取名宁浦大桥。由于"宁浦"和"南浦"发音较相近，容易造成混淆，最终更名为杨浦大桥。值得一提的是，1991年10月，原眉州路街道、宁国路街道和隆昌路街道一部分撤建合并，因杨浦大桥浦西段引桥跨境，合并后的街道被命名为大桥街道。

据《上海市政工程志》记载，杨浦大桥总长7 658米，主桥长1 172米，主跨跨径602米，宽30.35米，共设6车道，是当时世界上最大跨径的斜拉索桥。它的建成，标志着中国的桥梁建造技术已经跻身世界前列。

图3-69　杨浦大桥总指挥朱志豪和总设计师林元培（来源：上海市档案馆藏）

为建设杨浦大桥，上海作了充分的前期准备。首先是资金准备。在中央的支持下，杨浦大桥项目申请到了亚洲开发银行8 500万美元主贷款和7 900万美元国际银团联合贷款。同时，上海成立的一批政府投资公司也通过银行借款、发行债券等方式，积极吸纳国内市场资金。其次是技术准备。杨浦大桥项目团队基本沿用了南浦大桥的原班人马。总指挥朱志豪和总设计师林元培是合作多年的亲密战友，南浦大桥的结构造型、用料造价、裂缝化解、深桩加固等经验成功运用于杨浦大桥的建设中，大大提升了杨浦大桥的建造效率。

再次是土地准备。杨浦大桥的浦西一侧是杨浦区的老工业区，附近原有大量工厂、民房，浦东一侧也涉及动迁清退工作。为配合大桥建造，1991年5月11日成立大桥前期工作指挥部。在指挥部的努力下，上海纺织局第二职工医院、民光被单厂、大中华橡胶三厂、上钢五厂等单位配合迁址。据统计，杨浦大桥项目的征地拆迁费为3.8亿元人民币，动迁居民3 595户，动迁单位93个，管线搬迁64公里，征地440亩。

前期准备工作为杨浦大桥的建设打下了坚固的基础，但在项目落地

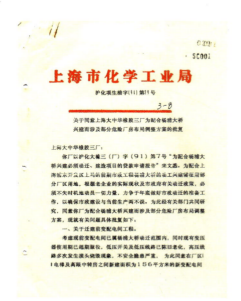

图3-70 《上海市化学工业局关于同意上海大中华橡胶三厂为配合杨浦大桥兴建而涉及部分危险厂房布局调整方案的批复》（来源：上海市档案馆藏）

过程中，杨浦大桥还是遇上了许多难题，其中就包括设计方案的选择。杨浦大桥所处的黄浦江段宽545米，远宽于南浦大桥所处江段的360米，相应的桥梁跨径也要更长。在设计之初有三种方案：第一种方案是照搬南浦大桥设计，这是团队最熟悉的方案，不仅有之前成功的建造经验，而且建造难度小，但这个方案会有一个桥墩落在黄浦江中。黄浦江是享誉全球的"黄金水道"，在江中设墩势必会对往来船只造成影响。第二种方案是将一个桥墩紧靠岸边放置，这样跨度达到580米，但岸边地基十分复杂。第三种方案是两个桥墩都在岸上，跨度602米，这是最理想的方案，但这一跨度比南浦大桥长出179米，对设计能力和建造水平都提出了更高的要求。经过反复考量，林元培决定选择风险较大，但最为合理的第三种方案——建造当时世界第一跨径的斜拉索桥。

为了实现这一方案，林元培率领设计团队进行了复杂计算和设计改造，他将塔形由南浦大桥的H形改为抗风性能更好的多角钻石形，将斜拉索从平面布置改为空间索面布置，还对拉索上端锚固方式进行全新构思。由于杨浦大桥接受了亚洲开发银行的巨额贷款，为降低项目风险，亚洲开发银行先后五次组织桥梁界专家进行工程审核。1992年8月

图3-71 杨浦大桥建设者在空中作业（来源：上海市档案馆藏）

图3-72 建设中的杨浦大桥（来源：《百年市政看杨浦》）

17日，亚洲开发银行组织的专家团经过慎重考察，出具了《专家小组对杨浦大桥设计审查报告》，认定杨浦大桥的设计、制造与施工都是合理、安全和先进的。

杨浦大桥1991年4月29日动工，1993年9月15日建成。工期历时仅2年5个月，比南浦大桥建造用时还缩短半年，创造了世界斜拉桥工程施工工期的最短纪录。为迎接大桥建成通车，杨浦区政府成立杨浦区迎接杨浦大桥建成通车指挥部，全面开展"爱大桥、兴杨浦、作贡献"系列活动，还制定了市容整治规划，粉刷大桥附近建筑立面、拆除违章搭建、积极种植绿化，力争在大桥通车之时，展示杨浦新风采。1993年9月23日，由新华社等单位主办的2 000人长跑活动拉开了大桥观光周的序幕，为期7天的观光周共接待10万余名市民上桥观光。10月23日，杨浦大桥正式通车，中国改革开放总设计师邓小平亲自为大桥题写了桥

图3-73　群众走上杨浦大桥参观（来源：上海市档案馆藏）

名，时任国务院副总理朱镕基出席通车典礼并与建设代表一一握手。

建成后的杨浦大桥成为上海内环线的重要组成部分，它与南浦大桥遥相呼应，为解决上海"过江难"问题、高效连接浦东与浦西、促进浦东开发开放发挥了重要作用。

在杨浦大桥建成之初，政府计划采用25年时间设卡收费的办法收回项目投资的13.3亿元建设费用，因而在大桥浦东一侧设置14个收费口。但收费降低了车辆通行效率，造成了大桥交通拥堵，也制约了浦东发展速度。2000年2月，上海市政协提交了《收过江费的负面效应及解决矛盾的若干建议》的提案。同年5月，上海市政府宣布取消过江隧道和大桥的收费，杨浦大桥包括其中。这一重大的战略决定，终结了上海过江收费的历史，减轻了人民群众的过江负担，也意味着浦东和浦西真正融入同一个大上海。

2022年初，服役28年的杨浦大桥，在新一代"数字孪生技术"下迎来新生。1 100多个结构安全数据感知点散布在大桥各个角落，共同"克隆"出一座全数字的杨浦大桥。管养部门在电脑上就可以对大桥的结构进行实时监测和检查，大大提高了巡检效率和问题处理效率。违规上桥的危化品车辆、超重车辆信息在2秒内就能推送到数字化监管系统并实时启动"非现场执法"。杨浦大桥"数字孪生1.0"上线使用后成效明显——桥梁病害处置率从90%提高到100%、大桥危化品车辆违法闯禁现象基本消失，超限车辆通行次数已快速下降到每月十次以内。这一新技术的应用，提升了人民群众的过桥体验，也更好地保障了群众的出行安全。

现如今，杨浦大桥"世界第一"的荣光虽已不再，但那段撸起袖子加油干、黄浦江上画"彩虹"的峥嵘岁月，仍激励着上海继续当好改革开放排头兵和创新发展先行者，创造出更多人民城市新奇迹。

图3-74 杨浦大桥夜景（来源：杨浦区档案馆藏）

第四章

蝶 变

利民惠民的滨水岸线

第一节　引　言

拥有"百年大学""百年工业""百年根脉""百年市政"深厚历史底蕴的老工业城区——杨浦，还有着上海中心城区最长的滨江岸线资源，是全市规模最大的工业遗产转化地。杨浦滨江曾经厂房林立、码头岸线复杂，城市生活被阻挡在距黄浦江半公里开外，市民感叹"临江不见江"。

党的十八大以来，上海市委、市政府加快推进黄浦江两岸综合开发，杨浦滨江也迎来快速发展机遇期，取得了令人瞩目的开发建设成效。2016年6月底，杨浦滨江建成长约550米的滨江公共空间示范段并向市民开放，2017年底建成开放杨浦大桥以西2.8公里的公共空间，2019年9月底建成开放杨浦大桥以东2.7公里公共空间，至此实现杨浦滨江南段5.5公里滨水公共空间全面向市民开放，兑现了"还江于民、还岸于民、还景于民"的承诺。

杨浦滨江开发建设的同时，杨浦区探索走出了一条从"工业杨浦"到"知识杨浦"再到"创新杨浦"的转型升级之路，成为首批国家创新型城区、上海科创中心重要承载区和"科创中国"试点城区、全国创新驱动示范区。以工厂、仓库为主的杨浦滨江生产岸线已转型成为以公园

图4-1　"人民城市"重要理念宣传语（来源：杨浦区档案馆藏）

绿地为主的生活岸线、生态岸线、景观岸线。

2019年11月2日，习近平总书记在上海考察，在杨树浦水厂滨江段同当地居民亲切交谈。习近平总书记指出："百年上海，中国工业的发祥地，现在已经是沧桑巨变了。如今，'工业锈带'变成了'生活秀带'。城市归根结底是人民的城市、老百姓的幸福乐园。公共空间要扩大，公共空间要提质，让人民群众在这里有获得感，有幸福感。"

第二节　滨江党群服务阵地

为了更好地服务市民，满足市民游客对参观学习、健身休闲的需要，杨浦区充分保留老建筑特色，赋予展示、阅读、休憩、服务等新功能，沿滨江建设改造了10个各具特色的服务站点。

一、红色启航——秦皇岛路码头服务站点

该站点位于秦皇岛路1号秦皇岛轮渡站2楼，为黄浦码头旧址，站点内部面积为260平方米。设计理念是以船舱原型进行变形演绎，内部空间与周边景观相结合形成一个环形体验空间。站点内展示了周恩来、邓小平等老一辈无产阶级革命家留法勤工俭学的红色故事。在多媒体手段的呈现下，红色故事和杨浦滨江的发展历史让市民游客感受滨江的红色底蕴。站点还为市民游客推出滨江VR全景、滨江留影明信片等互动体验服务，实现了杨浦滨江的"可看、可听、可读、可游、可享"的旅游新体验。

图4-2　秦皇岛路码头党群服务站外景（来源：杨浦滨江人民城市建设规划展
　　　　示馆）

图4-3　秦皇岛路码头党群服务站内景（来源：中共上海市杨浦区委组织部）

二、健康生活——水厂栈桥服务站点

　　该站点位于上海船厂遗址旁，原为船厂工人的配套用房，旁边是装焊平台原址，保留了装焊平台处的金属轨道及原有排水沟，地面上平铺的大钢板由当年船上退役的废旧钢板焊接而成，整个装焊广场展现了当年船厂作业时的粗犷感。2023年10月，该站点升级打造成以"党建红·公安蓝"为特色的水厂栈桥站，为杨浦滨江居民群众、区域企业提供法律政策咨询、反诈宣传等便民服务，助力平安滨江建设。站点为市民游客提供直饮水和阅读休憩空间，市民游客亲切地称它为"加油站"。

图4-4　水厂栈桥党群服务站外景（来源：中共上海市杨浦区委组织部）

图4-5 水厂栈桥党群服务站内景（来源：中共上海市杨浦区委组织部）

三、生态环保——雨水花园服务站点

该站点位于安浦路645号背面，占地面积38平方米，该区域原来是一片低洼积水区，利用原有地形并运用海绵城市的理念建设了雨水花园，钢结构廊桥、凉亭和景观栈桥，构成别具原生野趣和工业特色的景观环境。在江岸原有凉亭的基础上，放置一个具有漂浮感的功能体块，外部钢板厚重的质感象征着杨浦的工业底蕴，内部带状的长窗如同长幅画卷展示滨江美景。站点把绿色、环保、公益理念融入其中，体现滨江绿色生态发展，站内的全息投屏讲解员为市民游客讲述海绵城市的设计理念。

图4-6 雨水花园党群服务站外景（来源：中共上海市杨浦区委组织部）

图4-7 雨水花园党群服务站内景（来源：中共上海市杨浦区委组织部）

四、文化创意——"人人屋"服务站点

  该站点位于安浦路447号，占地面积72平方米。外围的木结构采用以人字形为结构的基础单元，再将基础单元进行叠合形成双坡屋顶的使用空间，寓意人人之家、众志成城。站点运用全息沙盘提供互动体验，还可链接微信公众号实现党建学习一点通、公益活动一线牵、资源清单一键查等功能，为市民游客提供直饮水、医疗急救、微型图书室等服务。

  2019年11月2日，习近平总书记在上海考察，当总书记走进"人人屋"时，工作人员向其热情介绍这里的服务理念。总书记在"人人屋"里还与中华人民共和国第一代劳模、"七一勋章"获得者黄宝妹亲切交谈，并称赞她是国家发展的见证者、参与者、奉献者。

图4-8 "人人屋"党群服务站外景（来源：中共上海市杨浦区委组织部）

图4-9 "人人屋"党群服务站内景（来源：中共上海市杨浦区委组织部）

五、工业遗风——大桥公园服务站点

该站点位于宁国南路轮渡口向东200米，原为电站辅机厂西厂车间，外立面采用轻型钢架结构，行车机身与若干工业电扇在原位得到保留，钢架下方植入全木结构建筑，形成"屋中屋"，增加了西厂驿站的可识别性。站点通过多种展示手段，以老厂房、老机器等工业遗存为线索，让游客感受杨浦百年工业文明的魅力。

站点内部地面上保留了电站辅机厂内皮带机辊轴部件。展架上陈列的"四大件"分别是"蝴蝶牌"缝纫机、"凤凰牌"自行车、"上海牌"手表和"红灯牌"收音机，俗称"三转一响"，是20世纪50年代至70年代男婚女嫁时评判衡量双方家庭经济能力的一个重要"标准"。地面上放置的一台织布机昭示着这里曾与中国纺织业有着千丝万缕的联系。

图4-10　大桥公园党群服务站外景（来源：中共上海市杨浦区委组织部）

图4-11　大桥公园党群服务站内景（来源：中共上海市杨浦区委组织部）

六、党建引领——旗舰服务站点

　　该站点位于杨树浦路平定路，在平定路尽头右侧的电站辅机厂东厂原址上兴建，建筑面积为800平方米。站点以"百年记忆、魅力滨江"为主题，采用钢架构外包、全玻璃通透式建筑结构，沿用原来电站辅机厂的龙门桁架，并用三组颜色代表历史的传承。深灰色代表1921年，当时的钢结构龙门桁架是深灰色的；蓝色代表1950年至1970年，工厂的外墙表皮是蓝色的；银灰色代表2020年站点的新生和无限美好的未来。站点共三层：一层"滨江驿站"，为市民游客提供咨询接待、休闲阅读等服务；二层"滨江客厅"设有时光隧道、杨浦记忆、骑行滨江、创新之路、睦邻家园等板块，主要展示杨浦"四个百年"发展变迁和

图4-12　旗舰党群服务站外景（来源：中共上海市杨浦区委组织部）

图4-13　黄宝妹上党课（来源：杨浦区档案馆藏）

"三区联动、三城融合"创新实践；三层"滨江书房"提供以习近平新时代中国特色社会主义思想以及党史、中华人民共和国史、改革开放史、社会主义发展史等为主题的书籍供人们阅读。中华人民共和国第一代劳模、"七一勋章"获得者黄宝妹同志曾在此为年轻党员上党课。

七、红色工运——电厂服务站点

　　该站点位于腾越路2号，由杨树浦发电厂3号转运站改造而成，原是连接电厂机组和输煤传送带的中转楼。架设楼梯贯通建筑内外，形成上下交互、内外渗透的空间。建筑外侧架与自然绿植融为一体。站内通过多种展示手段，讲述杨树浦地区的红色工运史，让市民游客在体验中领略杨浦的百年红色基因。

图4-14 电厂党群服务站外景
（来源：上海市杨浦区融媒体中心）

图4-15 电厂党群服务站内景（来源：上海市杨浦区融媒体中心）

八、劳模精神——上海国际时尚中心服务站点

　　该站点位于杨树浦路2866号上海国际时尚中心定海路旅游码头内，是全市第一家在黄浦江码头岸线上开通的党群服务站，由展示区、阅读区、休息区三部分组成。展示区以"劳模精神"为主题，通过运用多媒体等展示手段，展示了"七一勋章"获得者黄宝妹、人民教育家于漪及上海援鄂医疗队英雄、杨浦区中心医院院长郑鹏翔等人的先进事迹，展现了时尚中心的前世今生、滨江沿线工业发展和"上海港码头号子"的非遗魅力。

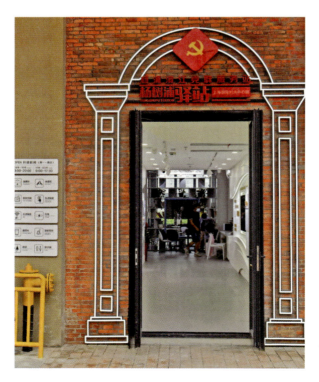

图4-16　上海国际时尚中心党群服务站外景（来源：上海市杨浦区融媒体中心）

图4-17　上海国际时尚中心党群服务站内景（来源：上海市杨浦区融媒体中心）

九、公园城市——复兴岛公园服务站点

该站点位于共青路386号，由上海市第五批优秀历史建筑"白庐"修缮改造而成，于2021年6月27日正式对外开放，是上海市第一家公园服务站点。该党群服务站分为室内建筑和户外花园两部分，总面积为1 000余平方米，设置党务、政务、健康、科普、文化等系列服务资源。通过活化利用历史建筑，以"公园城市"为主题，丰富拓展黄浦江上唯一内陆岛的历史记忆，让人们沉浸于"推窗见绿、出门见园"的公园城市场景。站点内设五个展厅，通过历史、现在和未来的发展脉络，反映从"城市公园"到"公园城市"的发展历程。门外的八角亭是观景的绝好去处。

图4-18　复兴岛公园党群服务站外景（来源：上海市杨浦区融媒体中心）

图4-19　复兴岛公园党群服务站内景（来源：上海市杨浦区融媒体中心）

十、绿色氧吧——共青森林公园服务站点

　　该站点位于军工路2000号，毗邻共青森林公园西大门，以"党建红·生态绿"为特色，2023年6月29日启用，占地面积约为200平方米。站点融入"城市、森林、家"的空间理念，包含城市花园、党建、会客厅、知识书廊和贴心服务五个模块。作为党建活动、科普宣传、文娱活动的空间，市民游客在此不仅能够享受到便捷的服务，还能通过视频、展板感受红色文化，从一件件动植物标本中了解共青森林公园的生态多样性。站内的"森林会客厅"还设置城市、森林和家的互动体验区，短短数十秒就可以生成游客与共青森林公园特色景点拥抱的清晰影像。

图4-20　共青森林公园党群服务站外景（来源：上海市杨浦区融媒体中心）

图4-21　共青森林公园党群服务站内景（来源：上海市杨浦区融媒体中心）

第三节　上海人民建议征集
杨浦滨江示范带

　　人民是城市的主体，人民城市建设必须依靠人民。杨浦滨江的开发建设管理主动问计于民、问需于民，充分汇聚人民的智慧和力量。2020年9月，杨浦区在滨江沿线党群服务站内设立人民建议征集站，开通杨浦人民建议征集直通车，并进行人民建议的首次集中征集。为充分尊重人民群众的首创精神，上海市人民建议征集办公室确定杨浦滨江为上海人民建议征集工作示范带。以杨浦滨江人民城市建设规划展示馆为中心，临江而建的十个党群服务驿站全部植入人民建议征集功能，串联成了"1个实践中心+4个特色站点+6个基础站点"的上海人民建议征集杨浦滨江示范带，编织出一张畅通便捷、多元互动的"民心网"。

　　在老工人和群众的建议下，杨浦滨江的规划一直秉持"保留老元素，展现新面貌"的理念。架设在江边的水厂栈桥、纺纱厂的廊坊织架的设计理念，都来自人民建议。对于许多杨浦居民而言，上海制皂厂是一代人童年记忆的一部分，然而随着城市产业结构不断调整，上海制皂厂也逐渐退出舞台，但这份情怀深深地镌刻在居民心中，居民希望能充分利用这片文化遗址，保留这份独有的城市记忆。杨浦滨江在建设过程

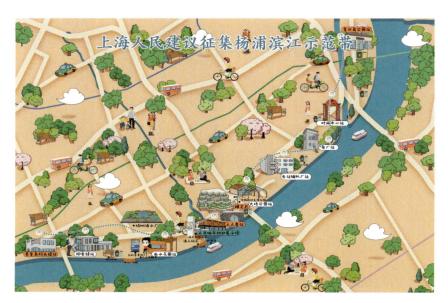

图4-22　上海人民建议征集杨浦滨江示范带示意图（来源：上海市杨浦区人民建议征集办公室）

图4-23　杨浦滨江人民城市建设规划展示馆内人民建议征集平台（来源：董鹏飞）

中，充分考虑居民的建议，还原了制皂厂部分工业元素，并进行融合改造，让新与旧在这里和谐共生。

建议征集工作还创设了代言人——金牌征集员"杨杨"，设计了"杨浦滨江人民建议征集专线导览地图"，制作了《上海人民建议征集杨浦滨江漫步动画》短片。市民朋友可以跟着"杨杨"一站式游玩，既可以打卡人民建议征集站点，也可以寻找沿途人民建议转化的成果，还能通过随处可见的建议征集邮筒、触手可及的建议征集信箱、随手可扫的征集二维码提出属于自己的建议。

人民不仅是城市的享有者、受益者，也是城市的建设者、治理参与者。在人民建议这把"金钥匙"的推动下，已经结出了一个个滨江治理的"金果子"。在人民群众参与下，杨浦滨江明天将更加美好。

图4-24　秦皇岛路码头党群服务站内人民建议征集邮箱（来源：上海市杨浦区人民建议征集办公室）

图4-25　"人人屋"党群服务站内人民建议征集点（来源：上海市杨浦区人民建议征集办公室）

第五章

蝶　变

『活』在滨江的百年工业遗产

第一节　引　言

百年历史积淀为杨浦滨江留下了丰厚的文物资源。上海杨浦生活秀带国家文物保护利用示范区内，共有不可移动文物和优秀历史建筑73处，包括全国重点文物保护单位2处，市级文物保护单位4处，区级文物保护单位5处，区级文物保护点43处，优秀历史建筑19处。这些宝贵的历史文化遗产融入现代、科技与时尚元素，成为崭新的公共空间和城市地标，为市民提供"可看、可听、可读、可游、可享"的全新旅游体验。

2020年9月25日，上海杨浦"生活秀带"入选国家文物局公布的首批国家文物保护利用示范区创建名单。杨浦区积极践行"人民城市"重要理念，以创建国家文物保护利用示范区为契机，大力推进工业遗产保护修缮、挖掘价值、复现肌理、活化利用，使这些老建筑焕发了新的生命力。

杨浦探索了"五全工作法"，即"全方面摸底、全要素保护、全方位赋能、全周期管理、全民性参与"的创建路径。对于文物建筑和工业遗产，将"修旧如旧"与城市微更新相结合，妥善处理工业遗产保护与市政建设、旧城改造、生态涵养等的关系，原汁原味留存历史文化遗产的场所记忆，赋予其新的功能。通过举办各类精彩活动，吸引市民群众积极参与，让工业遗产成为唤醒时代记忆、赋彩人民美好生活的载体，让市民对"人民城市"重要理念有更深切的认知和理解。

2023年11月，国家文物局主办的国家文物保护利用示范区创建工作现场会在杨浦区举行，北京、上海、辽宁等11省市共同发布《保护传承工业遗产的上海杨浦联合倡议》，示范区创建中凝练的"五全工作法"相关理念、工业遗产档案资料抢救、工人集体记忆保护等创新举措，作为重要内容纳入其中。2024年1月，国家文物局授予上海杨浦"生活秀带"首批"国家文物保护利用示范区"称号。

第二节　百年市政焕新颜

一、从杨树浦水厂到生产生活与科普融合空间

　　杨树浦水厂位于杨树浦路830号，始建于1881年，1883年5月建成，是中国近代城市供水的起点，被列为全国重点文物保护单位。如今其升级保留了制水功能，持续为上海杨浦、虹口、普陀等五个区供水。水厂还设有自来水科技馆，融合了红色遗迹、水厂栈桥等展示与教育功能。

　　杨树浦水厂古典哥特城堡式建筑颇具特色，当年建造的部分建筑仍然保留至今，部分厂房、滤水池使用至今。水厂大门也依然保持原貌，正门两侧各有一个双层城堡式城楼，建筑左右对称，风格雄伟庄严。厂房内每栋别具一格的城堡式建筑都清晰可见其建造年份，如1882年、1921年、1925年等。1989年杨树浦水厂被列为上海市文物保护单位，2013年3月被列为全国重点文物保护单位，2018年1月入选中国工业遗产保护名录（第一批）。

　　位于杨树浦路670号的英商怡和纱厂旧址，始建于1896年，至今已有近130年历史，它不仅是外资在上海开办的第一家纱厂，也是上海工

图 5-1　杨树浦水厂远景（来源：杨浦区档案馆藏）

图 5-2　杨树浦水厂现貌（来源：杨浦区档案馆藏）

人运动的红色阵地，见证了上海近代工业和革命运动的发展与变迁。20世纪90年代，由于企业调整，该厂划入上海自来水厂。2004年，杨树浦路670号划入上海市自来水市北有限公司。目前，该地块隶属于上海城投水务集团，部分厂房作为杨树浦水厂出水泵房及水资源研究中心使用。老怡和纱厂曾留下珍贵的红色印迹，如今已经变身为杨浦滨江的红色地标之一。

杨树浦水厂内设立的自来水科技馆，展示了上海近130年的供水史。该馆地下一层、地上两层，分为"历史·源头""现代·科技"和"未来·规划"三个展区，分别展现上海自来水的过去、现在和未来。

水厂防汛墙外曾经停靠着数艘趸船，这些趸船完成了历史使命后不再停靠，于是留下了巨大的混凝土系缆墩，这些系缆墩结构、高度、位置各不相同，无声地讲述着滨江工业的历史。

黄浦江上游水的原水管道是一个直径约3.5米的巨大钢制水管，与栈桥的方向平行敷设，在接近液铝码头部分设置有泄压口，在这里可以欣赏到水管泄压口不定时喷水泄压形成的瀑布景观，它有一个富有诗意的名字叫"凭江听浪"。

水厂外部栈桥，全长535米，宽4～13米，这是生产岸线向生活岸线转化的典范。抽象的趸船结构、温润的木材桥面，轻盈地悬架于拦污网的结构柱上，谦和的气质柔化了杨浦滨江沿线的工业感，构成当下生活与工业历史的对话。粗壮的防撞柱以不同的方式向上顺延，演变成为人行栈桥中一个个功能或生态节点，有些成为等候亭，有些成为座椅，有些成为花池，有些则被串联在一起成为遮阳棚。栈桥自开通以来，已成为市民休闲散步、阅读建筑、了解历史的美好空间。

图5-3　杨树浦水厂140周年庆（来源：杨浦区档案馆藏）

图5-4　杨树浦水厂水池（来源：杨浦区档案馆藏）

图5-5 杨树浦水厂栈桥步道（来源：杨浦区档案馆藏）

图5-6 杨树浦水厂栈桥等候亭（来源：杨浦区档案馆藏）

二、从污水泵房到零碳水质监测站

杨浦大桥下的原上海电站辅机厂污水泵房经过改造后功能焕新，变身上海首座"零碳水质监测站"——黄浦江杨浦大桥水质自动监测站（简称"大桥水站"）。此项改造工程获评上海市绿色建筑协会"2023年度上海市既有建筑绿色低碳更新改造评定银奖"。

大桥下面一个红灰砖墙的小房子就是大桥水站所在，周边矗立多栋历史建筑，北侧为历史保护建筑三新纱厂，东侧为历史保护建筑电站辅机厂，西侧为新改建的党群服务站。大桥水站墙体空心砖的红色部分与站体身后的三新纱厂建筑颜色一致，灰色部分呼应了杨浦滨江的百年工业遗产建筑肌理。

图5-7　大桥水质自动监测站全貌（来源：上海市杨浦区生态环境局）

　　大桥水站以原上海电站辅机厂污水泵房为基础，运用太阳能光伏、锂电池储能、氢储能等节能降碳技术，配合微网发电系统，实现整体建筑的碳中和目标，打造出杨浦滨江节能“零碳”示范建筑，让滨江工业遗产焕发低碳新生机。

图5-8　大桥水站科普展厅海绵城市展示（来源：上海市杨浦区生态环境局）

图5-9　大桥水站科普展厅净水演示过程展示（来源：上海市杨浦区生态环境局）

大桥水站可以对黄浦江控制断面水质30项指标开展实时自动监测，掌握断面水质状况，把握水质变化规律。同时，这里还兼具科普展示功能，在地下一层设立了可视可学多元功能展厅。展厅设有零碳技术、海绵城市、上海百年供水、水质净化、水质监测等环保知识科普展，市民可通过VR技术线上参观东区污水处理厂、杨浦区环境监测站等场所。

三、从杨树浦发电厂的临江运煤码头区域到"电厂遗迹公园"

杨树浦发电厂位于杨树浦路2800号，原为1911年兴建的江边电站。2010年底，根据节能减排的要求，杨树浦发电厂关停发电机组，原塔吊卸煤机、储灰罐、输煤栈桥和转运站等极具工业时代特征的建筑物变身为"新潮"的休憩公园、咖啡厅、艺术展馆和运动场所。昔日远东第一大电厂的临江码头区域悄然蜕变为"电厂遗迹公园"，工业文明遗迹以另一种方式在滨江岸线焕发新生。

图5-10 杨树浦发电厂全貌（来源：杨浦滨江人民城市建设规划展示馆）

图5-11　电厂遗迹公园［来源：上海杨浦滨江投资开发（集团）有限公司］

图5-12　灰仓艺术空间（来源：上海市杨浦区融媒体中心）

杨树浦发电厂曾有一座高达105米的大烟囱，这座1941年建成的老烟囱，曾经是上海最高的地标性建筑，于2003年被拆除，底座被收藏在上海历史博物馆。电厂的另两根180米高的钢筋混凝土结构烟囱，如

图5-13　煤斗凉亭（来源：上海市杨浦区融媒体中心）

今依然耸立，见证着过去的历史和现在的变迁，期待着浦江两岸的辉煌未来。

　　"电厂遗迹公园"打破了原电厂封闭的围墙，与滨江道路相连，打造成骑行道、慢跑道、漫步道三道并存的城市公共空间。曾经的电厂作业设施中有一组储水、净水装置，两个圆形储水池等上方结构被拆除后留下两个基坑，其中一处基坑成为雨水花园，另一处改建成净水咖啡厅，最大限度保持整个场地的肌理和工业遗产。雨水花园种植芒草等净水植物，池中铺有鹅卵石，大雨时调蓄降水、滞缓雨水排入市政管网。咖啡厅则在基坑上盖劈锥拱，以同心圆方式形成外圈，上部的穹顶在顶部打开，引入自然光，同时也显露出后方标志性的烟囱。昔日斑驳锈迹、残缺巨构的废弃厂区变成一个历史与当代、工业与艺术、机械与人文对话交流、交融共享的滨水开放空间。"电厂遗迹公园"中的灰仓艺

图 5-14　电厂遗迹公园中丰富的植物景观（来源：上海市杨浦区文化和旅游局）

图 5-15　光影交错中的电厂遗迹公园［来源：上海杨浦滨江投资开发（集团）有限公司］

术空间、煤斗凉亭、净水池咖啡厅、雨水湿地、泵坑艺术空间等，成了市民游客休闲漫步和举办公共文化活动的场所。2023年，杨树浦电厂遗迹公园入选第四批上海市民"家门口的好去处"名单。

图5-16　净水池咖啡厅外景［来源：上海杨浦滨江投资开发（集团）有限公司］

图5-17　净水池咖啡厅场景［来源：上海杨浦滨江投资开发（集团）有限公司］

第三节　百年纱厂穿新衣

一、从东方纱厂毛麻仓库到"文化仓库"

毛麻仓库位于杨树浦路468号，建筑面积6 600平方米，它是杨浦滨江岸线上百年工业发展历程的缩影，也是杨浦区文物保护单位。其前身是创办于1898年的瑞记纱厂，第一次世界大战开始后，改名为东方纱厂，这时毛麻仓库完成设计改造。它是目前杨浦滨江带现存面积最大的无梁楼盖仓库。1928年改名为申新纺织第七厂，成为杨树浦路上中国民族工业的印记。1951年更名为上海第二十棉纺织厂，1959年正式定名为国营上海第一丝织厂，1999年上海船厂收购上海第一丝织厂地块。

毛麻仓库是20世纪20年代的工业建筑，钢筋混凝土无梁楼盖结构、简洁的红墙立面成为其独特的风格，体现了当时工业建筑的技术特征和工业特色。2018年，杨浦区对上海船厂用地整体收储，历经数次变迁的毛麻仓库开始修缮。设计者充分挖掘其历史、艺术与社会价值，让历史原貌变得更加生动立体。修缮后，毛麻仓库恢复了历史原貌，并结合滨江景观资源，打造成为艺术、文化、科教展览的公共展示空间，服务市民游客，完成了从"纺织仓库"到"文化仓库"的转变。

图5-18　毛麻仓库全貌［来源：上海杨浦滨江投资开发（集团）有限公司］

图5-19　毛麻仓库观景台［来源：上海杨浦滨江投资开发（集团）有限公司］

这里承办过多项颇具影响力的艺术展览，2019年它作为第三届上海城市空间艺术季主展馆首次对公众开放，而后又承办2020年上海国际摄影节、上海市民艺术大展、百年百艺·薪火相传——中国传统工艺邀请展、曙光——红色上海·庆祝中国共产党成立100周年主题艺术作品展、百年印记·魅力上海——"建筑可阅读"全民摄影大赛作品展等丰富多样的人气展览，不断为市民游客带来高品质文化体验。

二、从国棉十七厂到上海国际时尚中心

杨树浦路2866号，从前是裕丰纱厂厂址，解放后裕丰纱厂更名为国棉十七厂。其锯齿形厂房是目前上海市区保留较完整、规模较大的锯齿形厂房建筑群，1999年被公布为上海市第三批优秀历史建筑，2014年成为上海市文物保护单位。这座曾被称为上海纺织界"巨无霸"的工厂，见证了上海纺织业乃至中国纺织业的发展和变迁。

2007年工厂搬迁后，原厂址逐步被打造为与国际时尚界互动对接的地标性创意园区，即"上海国际时尚中心"，2012年向公众开放。从传统生产空间向综合创意园区转变，从"创意产业"到"产业创意"两次发展，百年建筑的历史内涵与现代时尚的文化底蕴巧妙融合。2015年上海国际时尚中心被评为国家4A级旅游景区，2017年11月入选"国家十大工业遗产旅游基地"。

上海国际时尚中心的转型依托于原厂区留下的一批20世纪上半叶兴建的历史建筑，通过"修旧如旧"保留其浓郁的工业特色，确保历史风貌的延续。例如，将成排的单层锯齿形厂房每榀屋架都小心翼翼地卸下，进行修补和加固，经过特殊处理后再安装复原。以纺织业为基础，引入时尚文化主题，既保留了20世纪20年代老上海工业文明的历史年

图5-20　上海国际时尚中心锯齿形厂房（来源：上海市杨浦区融媒体中心）

图5-21　上海国际时尚中心厂房概貌（来源：上海市杨浦区融媒体中心）

轮，又融入了当代时尚的审美元素。以时尚为核心立意，跨界融合国际名品和各式时尚娱乐业态，集时尚多功能秀场、时尚会所、时尚创意办公空间、时尚精品仓、时尚酒店式公寓、餐饮娱乐场所及游船码头等七大功能板块于一体，以纺织概念为主题的文化创意园区。

上海国际时尚中心总占地面积为181.2亩，总建筑面积约14.1万平方米，其中多功能秀场占地1 500平方米，可同时容纳800名观众观看时装秀，秀场后台可同时供300名模特、工作人员化妆候场，已成为上海国际服装文化节、上海时装周的主场之一。

图5-22　上海国际时尚中心餐饮及游船码头（来源：上海市杨浦区融媒体中心）

图5-23　上海国际时尚中心活动现场（来源：上海市杨浦区融媒体中心）

三、从大纯纱厂到杨浦滨江综合开发管理办公地

杨树浦路2086号，是一座清水红砖外墙的上海市优秀历史建筑，原为大纯纱厂旧址，始建于20世纪20年代，如今已是上海市杨浦滨江综合开发管理机构的办公场所，承担着新的使命和重任。

这栋被保留下来的棉纺织厂办公大楼，拥有新古典主义风格砖木结构，坐北朝南。大楼原为两层，第三层为后期加建。平屋顶，清水红砖外墙，转角设水刷（沙）石和隅石装饰。北立面中轴对称，横向三段式布局，中部主入口挑出方形雨棚，上有半圆形腰窗，顶部有带卷涡的弧形山花。南立面底层设有铸铁细柱外廊，采用工字钢柱钢梁，主次梁结构，铆钉连接，呈弧形转角。内部大厅装饰简洁，一楼的马赛克地砖、护墙板、壁炉和木门都十分考究，室内的楼梯也很有特色，木楼梯特别

图5-24 办公楼现貌 [来源：上海杨浦滨江投资开发（集团）有限公司]

图5-25 办公楼全景 [来源：上海杨浦滨江投资开发（集团）有限公司]

是木柱的做工非常精细，带有日式工艺色彩。

2020年初，杨浦区委、区政府成立上海市杨浦滨江综合开发管理指挥部并下设办公室，负责统筹协调、综合管理、推动落实属于滨江区域范围内的各类综合开发管理活动。指挥部就设在原大纯纱厂旧址，它的成立和运作体现了杨浦区在推动滨江综合开发管理方面的高站位谋划和高品质建设，通过数字化全生命周期管理实现"规、建、管、运、服"一体化的目标。

负责杨浦滨江开发建设的实施主体上海杨浦滨江投资开发（集团）有限公司也在此办公。杨浦通过持续完善联动开发机制，积极推进规划实施平台建设，展现了杨浦滨江从老工业城区向城市新名片转变的新跨越。

第四节 百年厂房展新貌

一、从上海海烟机修厂仓库到"绿之丘"

杨树浦路1500号，原为上海海烟机修厂仓库（简称"烟草仓库"）所在地，始建于1995年，它的前身可追溯到1920年由怡和洋行建立的怡和冷库。这栋独特的仓储建筑连接着滨江区域与城市腹地，见证了20世纪末至今杨浦滨江的发展。烟草仓库曾一度被列入拆除名单，但通过政策创新和灵活的保护、利用、设计工作，抢救和延续了这一工业遗产的生命，使其焕发新的光彩。

烟草仓库的设计改造独具匠心，墙体拆除后，框架结构在原位置得以保留，自二层以上开始逐层收缩，形成层层叠叠的露台。改造过程中对烟草仓库作了体量削减，跨越道路，将步行、车行立交起来，使之并行不悖。通过屋顶垂直绿化等技术措施，形成退台错叠的"空中花园"，使得建筑本身成为滨水景观的一部分。建筑改造后，实现了工业建筑向绿色生态建筑的转变，满目苍翠，远望形似绿色的山丘，故得名"绿之丘"。

"绿之丘"建筑面积为17 000平方米，通过高差和庭院构建自由

图 5-26　"绿之丘"全景（来源：上海市杨浦区融媒体中心）

离散多层次的空间体系，将滨江空间、复合庭院、缓坡退台组合形成连续的视线通廊、连贯的漫游路线，带给游客丰富的景观体验。原本封闭的仓库，转变成为向市民群众开放的优质生态景观空间，以崭新的姿态诠释着历史的厚度与时代的高度。"绿之丘"项目荣获"上海市既有建筑绿色更新改造评定"金奖、2020年亚洲建筑师协会建筑奖荣誉提名奖。在小红书发布的杨浦滨江"网红打卡地"中，"绿之丘"曾一度荣登笔记数和关注度榜首。同时，它也是杨浦互联网行业的党建基地。

图5-27　"绿之丘"侧景［来源：上海杨浦滨江投资开发（集团）有限公司］

图5-28　"绿之丘"内景（来源：上海市杨浦区融媒体中心）

图5-29 "绿之丘"内互联网行业党建基地（来源：中共上海市杨浦区委组织部）

图5-30 "绿之丘"内互联网行业党建基地内景（来源：中共上海市杨浦区委组织部）

二、从明华糖厂仓库到艺术空间

明华糖厂仓库位于杨浦区安浦路415号，建筑面积为1440平方米。明华糖厂旧址始建于1924年，原为日商明华糖厂，是中国第一家工业化制糖厂。1946年明华糖厂改成化工厂，1950年正式更名为上海化工厂。这里也是中国最早专业加工塑料工厂。2019年该厂启动保护性修缮，拆除了建筑中历史价值不高的扩建部分，恢复20世纪30年代钢筋混凝土结构和钢结构的仓库形制，很好地呈现出建筑的历史价值和空间特色。其中"新旧对比"的材料的实践运用和设计理念，受到广泛关注和讨论。

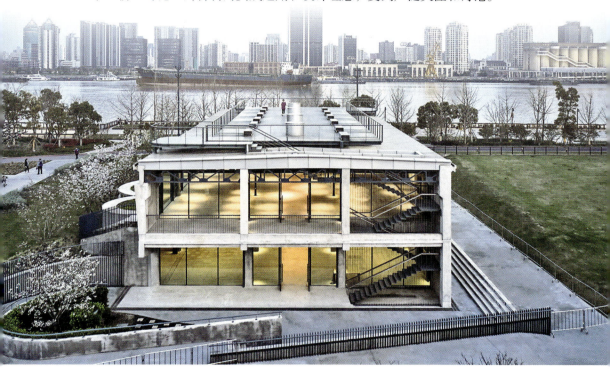

图5-31 明华糖仓整体鸟瞰图（来源：上海市杨浦区文化和旅游局）

图5-32　明华糖仓展览内景（来源：上海市杨浦区文化和旅游局）

图5-33　皂梦空间外景（来源：上海市杨浦区融媒体中心）

作为工业遗产保护利用的代表案例，明华糖厂仓库修缮设计在搜狐网、知乎、澎湃新闻等知名媒体和网络平台上被广泛报道和转载。明华糖厂仓库以其独特的仓库建筑历史印记吸引众多文化艺术活动、艺术展览、高峰论坛、专业讲座以及知名品牌活动在此举办。通过功能转型和内涵注入，高质量的保护性修缮与独特历史价值的再现，明华糖厂仓库这一工业遗产焕发出持续的生命力，成为杨浦滨江标志性的公共空间和艺术场所之一。2022年9月其被公布为杨浦区文物保护点，成功实现了1920年代的工业建筑空间与当下艺术空间的隔空对话。

三、从上海制皂厂原污水处理车间及生产池到"皂梦空间"

上海制皂厂位于杨树浦路2310号，前身是1923年的英商中国肥皂有限公司，中华人民共和国成立后更名为上海制皂厂。2019年，上海制皂厂原污水处理车间以及生产池变身为"皂梦空间"。

图 5-34　还原上海制皂厂广告的宣传墙（来源：上海市杨浦区融媒体中心）

　　皂梦空间作为制皂工艺流程的展示空间，已成为提供行、看、听、闻等多感官沉浸式体验的制皂主题公共活动空间。沉淀池之间的原始场地已垫高至 7 米，屋面的混凝土框架与植栽共同营造了一个立体式的屋顶花园，成为登高眺望的观江平台，下部钢管通道将不同的沉淀池串联互通，形成一系列明暗转换、高低错落、内外翻转的立体游览空间。地下一层设有白七咖啡馆，与其相邻空间的整个屋顶由半透明膜结构制成，仿佛将游客罩在一个巨大的肥皂泡泡里。原中压水解车间减量为一层，增设夹层成为肥皂主题的餐饮设施，紧邻的仓库变成露天的肥皂剧场，原污水净化设备结合原始空间特色，构成了公共配套功能。整个皂梦空间内设有产品展示区、手工 DIY 香皂体验区、互动视觉艺术装置以及得名源于"皂"字的"白七"咖啡馆和创意来源于制皂鲜花精油的"花食"餐厅，此地已成为杨浦滨江沿岸集展览、手工互动和特色餐饮于一体的网红打卡点。

第六章

蝶 变

活力四射的『四宜』滨水江畔

第一节　引　言

　　杨浦滨江的开发建设始终坚持人民为本、生态为基、文化为魂，聚焦人民群众的感受度、满意度。2016年以来，原本封闭的杨浦滨江地区逐渐向市民打开，高水平文化艺术活动和体育赛事在此举行。全线贯通后的杨浦滨江南段，充满人文活力和生活气息，成为服务市民健身休闲、观光旅游的公共空间和生活岸线。从之前的"临江不见江"，到现在的国际滨水空间，杨浦滨江在5.5公里内陆续增加滨江艺术空间、滨江活动空间、滨江栈道、步道、休憩木椅、木制坡道、观景平台等景观构筑物，滨江空间正不断延伸开放，服务市民的功能也不断优化提升。

　　2018年12月，杨浦滨江南段列入上海市住建委公布的16个市级海绵城市建设试点区名单。2021年6月，杨浦区政府与上海市绿化市容局签订《共建杨浦滨江公园城市先行示范区战略合作协议》。9月29日，发布《杨浦滨江创建市级公园城市先行示范区实施方案》。杨浦滨江南段所有新建筑全面执行绿色建筑标准，在全市第二批低碳发展实践区的验收评价工作中获评"优秀"。

　　漫步于这条"世界仅存最大滨江工业带"上，百年沧桑与摩登时尚在这里交相辉映、相得益彰，生产、生活、生态岸线上的"小而美"在杨浦滨江处处可见。杨浦滨江不只回荡着中国近代民族工业崛起的老故事，更以开阔的步道、不时可见的长椅、充满野趣的绿化和五脏俱全的公共服务空间，迎接数以万计的市民书写下人民城市的生动注脚。2024年7月，蓬勃发展、青春涌动的杨浦滨江还迎来了一批世界级"网红"，来自巴基斯坦、印度、马来西亚、乌兹别克斯坦、巴西等九个国家的十位网络达人来到杨浦滨江，享受江畔美景，感受城市发展的"人文脉络"。杨浦滨江正展现出"国际范"的魅力。

第二节　蓬勃宜业

　　杨浦主动融入国家战略、服务上海使命，充分发挥科教资源优势，加快推进滨江区域发展质量变革、效率变革，努力打造成为上海市乃至全国在线经济产业集聚发展的试验场、先导区，让优质的科创资源更充分赋能区域发展。通过大力引进跨国公司地区总部、研发中心、数字经济、科技服务等现代产业，杨浦吸引了一批世界500强和行业龙头企业落户或提升能级。2021年1月5日，位于杨浦滨江的长阳秀带在线新经济生态园揭牌，构建"一带两区"布局。"一带"，即沿江15.5公里的黄浦江岸线一带，推进新技术、新模式、新业态率先落地。"两区"，一是"总部秀园"区，从电站辅机厂西厂至国际时尚中心区域；二是"研发创园"区，东至黄浦江、南至黎平路、西至军工路、北至区界。

　　为提升基础设施水平，杨浦滨江布局以5G、物联网、工业互联网等为代表的通信网络设施，以人工智能、云计算、区块链等为代表的新技术基础设施，实现滨江"双千兆"网络覆盖，已累计建设5G基站（逻辑站）616站。完善滨江停车诱导系统，建设容量充足、便捷可达的交通服务系统，为在线新经济产业提供有效保障。

图6-1　行业龙头企业落户滨江示意图（来源：上海市杨浦区融媒体中心）

图6-2　杨浦区城市运行管理中心指挥大厅（来源：上海市杨浦区融媒体中心）

　　杨浦滨江通过整合创新资源、促进产业链高效互联，构建了一个充满活力的创新创业环境。如今，临江已建成光大安石中心、中国联通大厦、建发国际大厦、滨江国际广场、山金金融广场、杨浦滨江智慧广场等一批重点商务区。2021年，上海致能工业电子有限公司作为重大产业项目落户杨浦滨江。同年，杨浦滨江技术创新企业上海罗曼照明科技股份有限公司于上海证券交易所主板上市。

　　历史与现代交融的杨浦滨江，已吸引300多家头部大厂、商业品牌以及生活综合体入驻。杨浦滨江不仅是数字经济发展新高地，而且也将逐步建设成为产业新高地和投资"首选地"。新思科技、完美世界、达达集团已在此落地开花，美团上海科技中心、哔哩哔哩新世代产业园、抖音集团上海滨江中心、中交集团上海总部、中节能上海首座等项目已相继建设，吸引投资总额超千亿元。到2025年，杨浦滨江将汇集30家以上在线新经济头部企业、3 000家以上创新型企业，产业规模将超过

图6-3　杨浦滨江临江商务楼宇（来源：杨浦区档案馆馆藏）

3 000亿元，杨浦滨江将建设成为全国领先的在线新经济创业基地和发展高地，成为全国经济密度最高的区域之一。同时，通过对工业遗产精心设计巧利用，筑巢引凤让海内外高层次创新创业人才近悦远来，到2026年，杨浦滨江南段将有270万平方米商办体量投入使用，约27万创新创业人才将汇聚于此。

　　未来杨浦滨江还将围绕"杨'数'浦·Digital"产业发展定位，以空间转型容纳创新创业，以生态环境吸引创新人才。加快"长阳秀带"在线新经济生态园建设，吸引更多新生代龙头企业和功能平台集聚；与中国美院、法国蓝带联手建设国际设计智造联盟总部基地、国际餐饮展示体验区，着力打造时尚潮流集聚地、滨水岸线新典范；与东方国际、电气集团、光明集团合作，更大力度推动滨江中北段存量用地转型提质。

哔哩哔哩新时代产业园

美团上海科技中心

中节能上海首座

抖音集团上海滨江中心

中交集团上海总部

图 6-4　知名企业在杨浦滨江分布效果图（来源：上海杨浦滨江投资开发（集团）有限公司）

图6-5　哔哩哔哩新世代产业园效果图［来源：上海杨浦滨江投资开发（集团）有限公司］

图6-6　美团上海科技中心效果图［来源：上海杨浦滨江投资开发（集团）有限公司］

图6-7　抖音集团上海滨江中心效果图［来源：上海杨浦滨江投资开发（集团）有限公司］

第三节　全民宜乐

一、创建儿童友好公共空间示范区

儿童友好、人人友好。儿童是城市可持续发展的基础和核心，也是家庭和国家发展的未来与希望。2020年12月，杨浦滨江生活秀带儿童友好空间示范区创建工作启动，西起杨树浦路秦皇岛路，东至定海桥，全长5.5公里，涵盖25个儿童友好服务点，着力打造具有包容性、开放性、国际性的全球儿童友好会客厅，呈现空间友好、政策友好、服务友好、文化友好四大特征。"一米高度看城市"，其中的"一米"不仅仅是孩子观察世界的高度，也是杨浦滨江饮水点的高度。

针对不同年龄段儿童，杨浦滨江分别打造了300米、600米、900米儿童活动圈，为儿童提供大桥公园、郎朗音乐世界、世界技能博物馆、皂梦空间、锐那×路人王篮球公园等具有杨浦特色的室内外活动基地。大桥公园儿童探索乐园等多个建设工程项目相继启动，在提升杨浦滨江景观水平的同时，着力打造具有生命力的户外儿童活动空间。同时，杨浦与上海市妇儿工委合作打造国际化的一流上海国际儿童中心，坐落于绿之丘五楼的杨浦滨江妇儿之家，提供丰富的"儿童+"服务，覆盖全

图6-8　大桥公园儿童探索乐园（来源：上海市杨浦区妇女儿童工作委员会）

年龄段各类儿童，每周通过公众号发布各类活动预约信息，其中，花样体育类、语言表达类、艺术赏析类、科普创作类等活动，深受孩子和家庭欢迎。自向公众开放以来，已累计开展线上线下活动3 000余场，服务6万余人次，已成为不少网友口中的"遛娃宝地"。

在杨浦滨江，孩子们不仅可以体验工业遗址的建筑之美，更有轮滑跑道供其雀跃飞奔，沙坑和戏水区让孩子们释放天性、接触自然。位于杨浦大桥下的儿童探索乐园正在建设中，该探索乐园以"一颗种子的旅行"为概念，设置了树皮、细沙、泡泡、互动、疗愈等五个各具特色的活动区，造型形似一颗"五叶草"，体现"全龄适应、儿童友好、特殊

图6-9　在杨浦滨江举办亲子户外活动（来源：上海市杨浦区妇女儿童工作委员会）

图6-10　孩子们在杨浦滨江妇儿之家活动（来源：上海市杨浦区妇女儿童工作委员会）

图6-11　江畔卡其乐园（原上棉十二厂厂区）（来源：上海市杨浦区妇女儿童工作委员会）

图6-12　孩子们在卡其乐园玩耍（来源：上海市杨浦区妇女儿童工作委员会）

关怀"的宗旨。在同济大学建筑与城市规划学院助理老师的带领下，孩子们对大桥公园开展实地勘探，通过影像故事、地图游戏和设计体验等活动参与杨浦滨江儿童友好公共空间的打造之中。

从"空间友好""服务友好"到"儿童友好"，杨浦以"社区＋滨江"联合创建模式，聚焦孩子对美好生活的新需求，保存优质生态资源，在滨江生活秀带打造一个交通安全、环境生态良好、体能拓展便利、文化艺术氛围浓厚的儿童友好公共空间示范区。

二、推进杨浦滨江无障碍环境建设

2021年6月，杨浦开展"一江一河"滨水公共空间无障碍环境建设创新区创建工作。2022年8月，杨浦区开展创建杨浦滨江空间无障碍创新区人民建议征集活动，充分听取听障、视障、肢残等特殊人群的实际需求。2022年9月，杨浦区发布上海市首部公共空间无障碍环境建设导则——《杨浦滨江公共空间无障碍环境建设导则》，其中一些公共设施细节的规定从"设施、信息、服务"三方面实现无障碍，更好地提升了残疾人等特殊群体在杨浦滨江的感受度。

设施无障碍。完成公共厕所的无障碍改造、直饮水低位改造、坡道改造、景点建筑物盲文标注、垂江通道贯通、轮椅位标识及扶手的增加、无障碍停车位及残疾车停车位的划分等29个点位的无障碍设施提升改造，安装474块标识牌（包含22块盲文标识、10个无障碍坡道标识、19个座椅扶手及轮椅无障碍标识等）。

信息无障碍。共设置60个点位语音导览发射器，为视觉障碍者等特殊人群提供语音导览服务；配置户外服务大屏，为特殊人群提供一键求助、咨询、电子地图、紧急资讯等信息服务；设计开发小程序导览系

图6-13　滨江无障碍设施（来源：上海市杨浦区残疾人联合会）

图6-14　户外服务大屏（来源：上海市杨浦区残疾人联合会）

统。包含手绘地图和电子地图，VR导航、位置导航、景点播报等功能，为各类人群提供景点语音和手语播报等多种形式的辅助导览服务。

服务无障碍。在"绿之丘"北面，将一个150平方米的空间建设成为"阳光综合服务中心"，成为杨浦滨江无障碍服务的核心节点。服务中心与"人人屋"党群服务站、杨浦滨江人民城市建设规划展示馆等场所共同形成"1+X"滨江助残服务模式。

三、打造"未完待续"的滨江人人市集

为更好践行"人民城市"重要理念，秉承"人人参与、人人共享"的共创理念，共青团上海市杨浦区委员会带头，牵手上海杨浦滨江投资开发（集团）有限公司、同济大学设计创意学院、杨浦区青年联合会、杨浦区青年企业家协会等合作方，邀请青年文创组织、文创企业、大学生社团、文化艺人联合发起了"滨江人人市集"。市集之所以取名"人人"就是对标"五个人人"理念，希望人人都有出彩机会、人人都能有序参与治理、人人都能享有生活品质、人人都能切实感受城市温度、人人都能拥有归属认同感。

打造高品质公共开放空间，吸引青年投身于人民城市的建设中。与其说滨江人人市集是一个市集，不如说它是杨浦共青团凝聚青年的平台。这里是高校师生的创新实验室，将高校师生的创意与设计转化为直接面向市民的创新产品和服务；这里是文创青年的项目孵化器，为具有前沿创意的青年文化产品和项目提供宣传、展示、交流、销售的平台，助力青年创业；这里是青年时尚文化的活动聚集地，从街舞比赛、汉服表演到国粹体验，从知名网红、流行乐队到草根街头艺人，在这里都能找到合适的秀场。无数的青年从这里收获了欢乐，也参与了社会治理，

图6-15   "滨江人人市集"热闹场景（来源：共青团上海市杨浦区委员会）

图6-16   红潮春日国风雅集活动现场（来源：共青团上海市杨浦区委员会）

给杨浦滨江"号脉""打补丁"，希望滨江越来越好。

如今的滨江人人市集以"人人、创新、草根、公益"为基本准则，提倡人人都是组织者，人人都是参与者，人人都是受益者。市集文创摊位链接了滨水公共空间与市民生活的烟火气息，已经成为杨浦滨江文化创意活动的一张亮丽名片。

四、开辟市民健身运动新空间

在上海制皂厂与杨树浦煤气厂之间还有一座码头，原是杨树浦煤气厂旧址的装卸码头。20世纪20年代，杨浦区老工业区码头为了便于仓储运输，利用此地堆放煤块及物资。如今此处已改造成杨浦滨江运动新地标——乐动力·杨浦滨江运动公园，这里曾经承载了一代人的"梦想"，为了致敬这份辉煌并展望未来，"梦想球场"设计理念应运而生，全新临江的潮流球场就此落成。它拥有两个标准室外网球场和一个标准室外篮球场、一个滑板碗池。场地建造都选用了专业体育场材料，为球友提供更舒适的体验；结合富有工业感的底座和围栏，周围是用天然麻质缆绳浸桐油后全手工缠绕而成的缆绳座凳，细节处都尽显码头特色，使之成为独一无二的码头运动场地。

百年沧桑的工业遗存与方便惠民的健身设施在码头运动场地相互映衬，成为市民日常健身休闲的运动新空间。太极拳、广播体操、定向户外、亲子运动、自行车、极限运动、路跑、冰雪运动等社会影响广泛、群众参与踊跃的赛事活动纷纷在此举行，仅2023年举办的赛事活动就达四十余项。

杨浦滨江南段共建成约5.3公里的骑行道、约5.6公里的跑步道、约5.8公里的步行道，男女老少在此健身与散步各得其乐。

图6-17　市民健身活动（来源：上海市杨浦区体育局）

图6-18　城市越野滑雪赛中国巡回赛（杨浦站）（来源：上海市杨浦区体育局）

图6-19 市民亲子运动（来源：上海市杨浦区体育局）

图6-20 临江球场（来源：上海市杨浦区体育局）

第四节 品质宜游

一、创建公园城市先行示范区

探索构建"公园城市—城市功能区—滨江公园城市街区—滨江公园"四季生态空间体系。2020年7月28日，关于践行"人民城市人民建，人民城市为人民"重要理念、创建"世界会客厅"全域旅游特色示范区推进会在杨浦滨江举行，11家企业达成合作愿景。在杨浦滨江南段5.5平方公里的范围内，已建成21.6万平方米公共绿地，记录到鸟类44种，昆虫380余种，多样生态显现勃勃生机。具有优质生态资源的复兴岛成为可阅读、可感知、可记忆的"公园城市"重要组成部分。

（一）渔人码头

渔人码头位于杨树浦路1082号，滨江岸线长约300米，是颜值与功能兼备的休闲区域，整体呈现与杨浦滨江众多老建筑以及周围纱厂、杨树浦水厂相得益彰的风格、历史与现代相交融的特征，其栈道全部采用钢结构打造，栈桥上以九块钢板镌刻怡和纱厂发展历程中的重要节点，工业遗迹与生态绿地的交织使这片区域重新焕发活力。

渔人码头的前身为"中国第一海洋鱼货市场"，它曾经是上海最大

图6-21　渔人码头概貌（来源：上海市杨浦区融媒体中心）

图6-22　斜坡广场上的系缆墩（来源：上海市杨浦区融媒体中心）

的鱼货市场，在1990年发展成为国家级水产品批发中心。随着渔人码头一期工程于2008年开工，经历六十多年沧桑变迁的鱼市场落幕。曾经的渔港开始了它的新"启航"，斜坡广场上14个系缆墩排列出轮船船头的阵形，形成"起航"的视觉艺术效果。结合旁边的四个铁艺雕塑，共同营造出当年鱼市场繁荣的景象。两座鱼形建筑，一条像腾空跃起的飞鱼，一条像遨游状态的卧鱼，"跃鱼"和"卧鱼"相映成趣，为浦江两岸增添了一道亮丽的风景线，成为杨浦滨江崛起的标志。

　　渔人码头二期工程于2009年开工，始建于1918年的英商纱厂大班住宅是二期改造中唯一保留的历史建筑。这座灰墙红瓦且有英式乡村风情的别墅见证了杨浦百年工业的兴衰历程，老房子经过修缮恢复了青春，成为一家颇具情调的咖啡厅——"怡和1915"，三三两两的游人来

图6-23　"跃鱼"和"卧鱼"全貌（来源：上海市杨浦区融媒体中心）

图6-24　原鱼货市场交易大厅旧址上矗立起新建筑（来源：上海市杨浦区融媒体中心）

图6-25　英商纱厂大班住宅变身为咖啡馆（来源：杨浦区档案馆藏）

到这里，坐在室外的太阳伞下，捧一杯咖啡，听着黄浦江的涛声，吹着江风，惬意无比。

（二）边园

边园紧邻上海煤气公司杨树浦工场旧址，是对原煤气厂码头进行改造后的一处休憩与活动场所。码头上现存90米长的混凝土挡煤墙与防汛墙，与码头缝隙的坡道连桥形成一个挑空的江景长廊。墙内是有些荒野感觉的小园林，墙外是在原有地面上磨出的一个旱冰场，既充分保留了原有的工业印迹，又成功地转化为日常活动场所。

边园英译为"river side"，边是指边界，这里既是指黄浦江的边界，也是指杨浦区陆域的边界。近代杨浦以纺织业为代表的轻工业和以水、电、煤为代表的市政工业尤为突出，是杨浦特色文化旅游资源中"百年工业"的源头。

园是指园林，在挡煤墙与防汛墙的间隙中形成了一片富有自然生态野趣的园林，园与源同音，亦指源头。上海从一个位于江南腹地的沿海

图6-26　边园概貌［来源：上海杨浦滨江投资开发（集团）有限公司］

图6-27 边园临江一侧［来源：上海杨浦滨江投资开发（集团）有限公司］

图6-28 边园旱冰场所［来源：上海杨浦滨江投资开发（集团）有限公司］

图6-29　复兴岛公园入口（来源：上海市杨浦区融媒体中心）

渔村一跃成为举世瞩目的东方明珠，海派文化在浦江两岸得到了完美的呈现，在这里我们可以看到上海的过去、现在，更可以展望上海的未来。

（三）复兴岛公园

复兴岛公园位于杨浦区复兴岛中部共青路386号，是一座极具日式园林风格的公园。园内伫立着一块有故事的大石头。当年为庆祝抗日战争胜利、民族走向复兴，复兴岛公园内建立复兴岛收回纪念碑，其后因纪念碑损毁，

图6-30　复兴岛公园内的复兴石（来源：上海市杨浦区融媒体中心）

在重新垒石后命名为复兴石。在复兴岛公园还有一栋白墙红瓦的别墅小洋楼，别墅的门口写着"白庐"两个字，它与庐山牯岭"美庐"、杭州西湖"澄庐"、上海徐汇区东平路"爱庐"齐名。2021年，"白庐"变身为复兴岛公园党群服务驿站对外开放，在古树绿影下焕发出新的生机。2023年4月，复兴岛公园进行改造。本次改造对公园基础设施进行翻新、修缮，提升公园服务能级，绿化景观在保持公园原有自然风貌的基础上，基于"一园一品，规模种植"理念，强化了早樱主题等景观效果。

二、呈现城市记忆文化底蕴

杨浦滨江是一个集历史、艺术、人文和自然于一体的城市水岸，这里聚集柏凡音乐艺术中心、杨浦滨江人民城市建设规划展示馆、中国救捞陈列馆、上海自来水科技馆、珍得巧克力剧场、世界技能博物馆以及在建的长江口二号古船博物馆、杨浦区图书馆滨江分馆等诸多文化场馆。人们漫步在滨江文化长廊，一边感受百年历史底蕴，一边感受当代艺术、科技与历史文化的完美结合。

（一）世界技能博物馆

世界技能博物馆位于杨树浦路1578号，原为永安栈房旧址，现存的两座建筑是1930年建设的两个四层大仓库，是上海近代工业仓库建筑的典型样式，也是近代中国民族资本企业永安纺织股份有限公司发展的重要历史见证，2016年被列为杨浦区文物保护点，2022年被评为区级文物保护单位。2018年6月，国家人力资源和社会保障部、上海市人民政府与世界技能组织（WSI）三方签订了《关于世界技能博物馆的合作协议书》，明确在杨浦滨江永安栈房建设世界技能博物馆。永安栈房

图6-31 世界技能博物馆外景（来源：世界技能博物馆）

图6-32 世界技能博物馆内景（来源：世界技能博物馆）

旧址先后进行建筑结构的修缮加固和空间功能的导入，在留存历史记忆的基础上，创造了富有魅力的新型交互空间，并通过提供高品质的景观平台融入杨浦滨江公共空间。永安栈房旧址西楼建成的世界技能博物馆，成为世界技能展示与合作交流平台，东楼未来将打造成科艺展示中心。2023年11月7日，世界技能博物馆向公众开放。

作为世界技能组织认可的全球首家冠以"世界技能"之名的实体博物馆，应用最新科技和方法，展示世界技能组织、世界技能大赛和中国技能事业发展历史和未来，是一个面向世界、面向未来、面向青少年的公益性博物馆，在共享时代背景下举办各类面向世界各地的交流展会、国际研讨会和公共教育活动。"技能成就梦想，技能改变人生"，不断推动技能共享、知识共享、文化共享，正是位于永安栈房的世界技能博物馆传递给世界的理念。

作为文化底蕴赋能的历史建筑场馆，世界技能博物馆不仅是上海杨浦滨江上璀璨的文化节点，更将成为世界的科技文化窗口。汇聚于馆中的众多藏品，则是世界上无数人基于共同价值观、技术和美学的对话。其得天独厚的区位条件、由地面至屋顶的观景流线，使其成为一览滨江景观的绝佳平台。当游览者漫步于杨浦滨江，背倚滔滔江水，由栈房的公共平台拾级而上，会感受到历史的印迹不断彰显近代民族工业摇篮的深厚底蕴。

（二）长江口二号古船

长江口二号古船是1862—1875年间的贸易商船，是目前国内水下考古发现的体量最大的木质沉船。2021年10月，国务院办公厅印发的《"十四五"文物保护和科技创新规划》中，将长江口二号古船列入中国水下考古重大项目。

2022年11月，对长江口二号古船进行整体打捞，11月21日打捞

图6-33　古船入船坞场景（来源：杨浦区档案馆藏）

出水，同年11月25日进入杨浦滨江上海船厂旧址1号船坞内。上海市委、市政府在对空间体量与场地特征进行综合研判的基础上，决定选址船厂1、2号船坞作为古船博物馆的建设场地。一方面考虑到长江口二号古船保存得非常完整、船载文物数量大，船体和文物本身足以支撑起一座具有世界影响力的古船博物馆；另一方面考虑到出水文物保护、发掘和考古，特别是海洋木质文物整体保护是一个世界性难题，其保护与发掘的过程具有重要的考古和科研价值，也将作为展览的一部分内容呈现出来。

这个位于杨浦滨江的考古主题博物馆，以长江口二号古船为核心，将对标国际最高标准和最好水平，打造成具有世界影响力的古船与考古博物馆、全球一流水下考古的研究中心、国际航运贸易中心的展示窗口，使之成为人民城市"生活秀带"的文化地标。

（三）笔墨宫坊

笔墨宫坊位于杨浦区军工路1300号，原是上海茶叶进出口公司第一茶厂，21世纪初茶厂停产。2019年对厂区进行整体修缮，转型为茶岸文创园。笔墨宫坊位于此园区内第16幢，2022年12月试运营，2023年3月向广大市民正式开放，并被评为国家4A级旅游景区。

笔墨宫坊收藏从明代万历年间至今的藏品，跨越四百余年，全方位展示曹素功徽墨制作与周虎臣毛笔制作两项传统工艺及制作流程。通过建立文字、图片、拓片等历史文化研究档案，将墨模作为记述历史的实体档案妥善保存。通过建立"制墨"大师工作室，采用以师带徒的传统方式培养制笔制墨手工技艺人才。通过近距离观赏非遗技艺现场生产流程，游客可直接感受点烟、制墨、翻晾、描金、制笔等重要生产环节。通过设置笔墨博物馆，系统展示皇家绝胜、名家墨海、名家笔林、红色

图6-34 笔墨宫坊外景（来源：笔墨宫坊）

图 6-35　笔墨宫坊内景（来源：笔墨宫坊）

印记、镇馆之宝等。

　　曹素功制墨创办于 1667 年，延续至今已传承十五代，享誉国内外。周虎臣制笔创办于 1694 年，至今已有三百多年历史，传承十多代，被列为清代中国"四大名笔"之一。两者都是笔墨行业历史悠久的中华老字号。2011 年，上海周虎臣毛笔制作技艺与曹素功墨锭制作技艺被列入国家级非物质文化遗产名录。2014 年，经原国家文化部批准，笔墨宫坊成为上海第一家国家级非物质文化遗产生产性保护示范基地。

　　笔墨宫坊是借助"周虎臣制笔技艺"和"曹素功徽墨技艺"两项国家级非遗项目，打造出的集非遗制作、旅游、研学、文创、文博和科研为一体的国家级非遗生产性保护示范基地。

图6-36　制笔工艺（来源：笔墨官坊）

图6-37　制墨工艺（来源：笔墨官坊）

第五节　幸福宜居

　　杨浦始终把旧改作为最大的民生工程，不断改善居民居住环境。通过"三个100%"整体协商方式（居民意愿征询同意率达到100%、居民签约率达到100%、居民搬迁交房率达到100%），零星旧里合并"组团"启动等模式，全面推动南段滨江成片旧改，分步推进"美丽家园"建设，持续改善滨江地区小区居住环境和城区整体面貌。

一、交通先行

　　为了使杨浦百万人民出行更加便捷，经过多年的不懈努力，杨浦建成轨道交通4号线、8号线、10号线、12号线、18号线一期，在区域范围内形成"丰"字形隧道交通网络。今后，还计划建设轨道交通20号线、轨道交通24号线。为了克服越江车辆瓶颈，杨浦滨江先后建成杨浦大桥、大连路越江隧道、翔殷路越江隧道、周家嘴路越江隧道、江浦路越江隧道，启动隆昌路越江隧道建设，开展嫩江路、殷行路、闸殷路等越江隧道规划研究。实施南段滨江配套路网建设，新建改建安浦路、宽甸路、丹东路等多条道路，完成杨树浦路综合改造工程。

图6-38　2021年9月30日江浦路隧道通车（来源：杨浦区档案馆藏）

二、"决战"平凉

2009年，杨浦率先在全市重点旧改地块全面推行动迁安置结果全公开，"阳光动迁"成为杨浦旧改践行"人民城市"重要理念的生动实践。平凉西块曾经是上海中心城区最大的成片二级旧里，2016年，杨浦提出"旧改决战平凉西"的目标，首次对旧改项目的规划、立项、两轮征询、收尾、土地出让、开发建设等环节进行"全流程"管理。如今，平凉地区的成片二级以下旧里成为历史，旧里群众"一间房"的梦想已经实现，旧里已经成为老百姓家门口的"一片绿""一个馆""一所校"等社区公共服务资源。东方渔人码头、保利绿地广场、光大安石中心等区域性地标建筑正在向八方企业和人才释放杨浦新时代改革发展的强大磁场。

图6-39　平凉地区旧改前鸟瞰（来源：上海市杨浦区旧区改造指挥部办公室）

图6-40　平凉地区旧改后新貌（来源：上海市杨浦区旧区改造指挥部办公室）

三、"穷街"翻身

　　定海路街道位于杨浦区东南端，南依黄浦江，地处杨浦滨江地带，是杨浦老工业集聚区，也是旧改工作的前沿阵地。由作家程乃姗创作的小说《穷街》改编而成的同名电视剧，其中的"穷街"原型就在定海路街道。改善生活环境、提高生活质量的"旧改"成为百姓心中所思所盼，定海路街道也一直是杨浦区旧改的"创新试验田"。例如，定海154街坊D块。这是一个仅有47户居民的小基地，当年并未列入旧改计划中。基地虽小，但居民旧改意愿强烈，于是杨浦区让该基地居民通过"三个100%"整体协商方式实施动迁，从启动签约到全部搬迁完毕仅用了57天。2021年12月19日，定海路街道最后

图6-41　定海路街道动迁场景（来源：上海市杨浦区旧区改造指挥部办公室）

一个旧改地块启动"二次征询"。随着居民告别蜗居旧里、告别手拎马桶的日子，"穷街"也成为历史，定海路街道迈向新征程。

四、"两万户"新生

为解决在滨江工业企业工作的工人居住难题，解放初期，在杨浦的"228街坊"专门建设工人新村，住在里面的全是产业工人，成为周围人羡慕的"劳模集聚地"。228街坊工人新村自1952年9月开工建造，1953年5月竣工，第一批完成"两万户"工人住宅。但随着时代的变迁，已无法满足现代生活的居住需求。2002年，杨浦区着手对228街坊工人新村进行动迁改造，改善村民的居住条件。

图6-42　动迁居民幸福"百家宴"（来源：上海市杨浦区人民政府长白新村街道办事处）

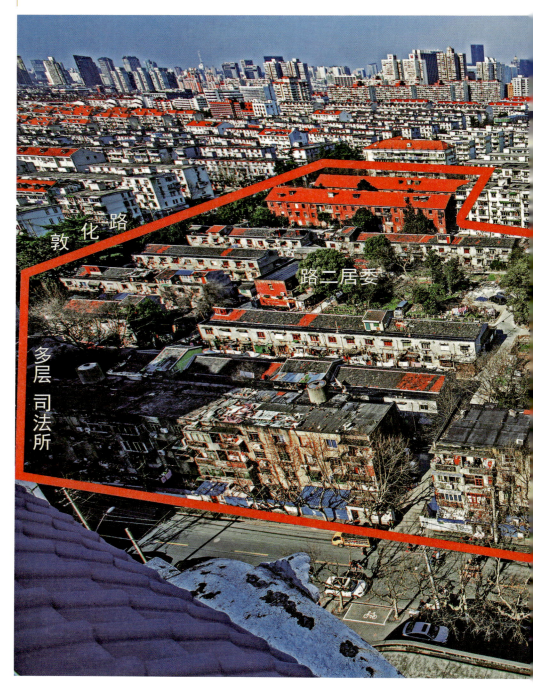

图6-43　228街坊原貌（来源：上海市杨浦区人民政府长白新村街道办事处）

正吉东路315弄

变电站

安图路

长白街道228街坊整体协商征收地块

2016年2月16日

长白路

　　228街坊"两万户"工人新村，曾经是中华人民共和国成立后的住宅建设重大项目，2015年被列为上海市城市更新示范项目，充分体现了新时代人民城市中"人"的主体地位。鉴于其重要的历史价值，杨浦区放弃了以拆除重建为主的"旧改模式"，采用以保护利用为主的"有机更新"模式。如今，这里已是上海现存唯一的成套"两万户"历史风貌住宅。

　　历经时代变迁的228街坊，经过近几年的精心改造，现已是集居住、展示、商业、餐饮、公共服务、众创办公等于一体的复合功能空间，成为再现社会主义生活方式和重温工人集体记忆的重要空间，以及

图6-44　228街坊房屋新貌（来源：上海市杨浦区融媒体中心）

图6-45　228街坊新景一隅（来源：上海市杨浦区融媒体中心）

图6-46　228街坊内上海工人新村展示馆（来源：上海市杨浦区融媒体中心）

图6-47　228街坊内居民活动广场（来源：上海市杨浦区融媒体中心）

"15分钟社区生活圈"的样板街坊。228街坊城市综合更新实践案例被国家住建部推荐参评2023年联合国人居奖，并荣获2023年中国城市更新优秀案例"15分钟生活圈示范奖"。蝶变回归后的街坊，在提升居民生活品质的同时，也让当年承载劳动者幸福生活的工人新村在时代的潮流中焕发新生。

第七章

奋进和展望

经过多年的发展建设，杨浦滨江取得了令人瞩目的成就。2019年11月2日，习近平总书记亲临杨浦滨江考察，充分肯定杨浦从"工业锈带"变身"生活秀带"的创新实践，提出"人民城市人民建，人民城市为人民"重要理念。

作为"人民城市"重要理念的首提地、黄浦江沿岸的核心功能区，杨浦全区上下进一步振奋精神、埋头苦干，不辱使命、不负重托，奋力推进杨浦滨江人民城市建设新实践，将杨浦滨江打造成为人民城市建设的璀璨明珠。2020年6月，杨浦区委发布《关于践行人民城市重要理念，争做人民城市建设标杆的决定》《杨浦滨江全力争创人民城市建设示范区三年行动计划（2020—2022年）》，明确提出把践行"人民城市"重要理念作为全区上下的重大政治任务和重大战略机遇，把"人民城市"重要理念作为全区"十四五"和未来发展的指导思想，将滨江区域作为杨浦新一轮发展的重点区域、践行"人民城市"重要理念的核心区域。

2020年11月2日，杨浦滨江人民城市建设规划展示馆建成开放。展馆坐落在始建于1902年的祥泰木行旧址，地上两层、地下一层，总建筑面积为1 410平方米。建筑为钢木混合结构，具有内外景观相通、自然与建筑相融的特点。展示馆外观看起来像沐浴在阳光里的半镂空的"木盒子"，延续了老木行的"基因"，建筑内形态各异的木楼梯连通了不同空间，并融合了高科技展陈方式，全面呈现人民城市理念的发展概述、理论渊源、丰富内涵与时代价值、人民城市理念的上海实践，全面

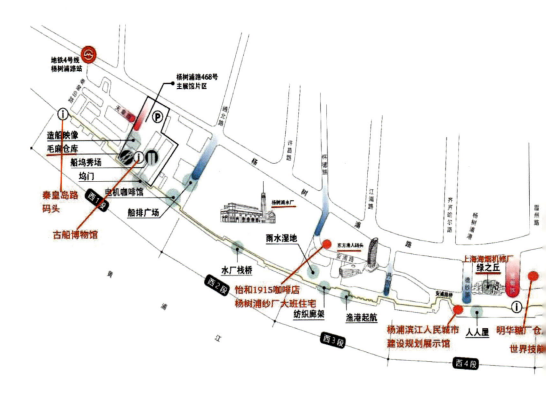

图7-1　杨浦滨江南段（秦皇岛岛路渡口—上海国际时尚中心）重点场所分布示
　　　　意图（来源：中共杨浦区委宣传部）

展示杨浦的过去、现在和未来，是一个集历史记忆、理论学习、宣传教育、交流互动等功能于一体的高品质公共开放空间。

　　如今老木行虽不在，但百年工业文明的印记散落在以现代化科技包裹的展示馆内各处，并注入了人民城市建设的新内涵。展示馆自建成开放以来，已成为热门"打卡地"，有力推动"人民城市"重要理念家喻户晓、深入人心。截至2024年9月底，展示馆累计接待省部级及以上单位团队93个，基层党组织团队7300余个，参观人数达

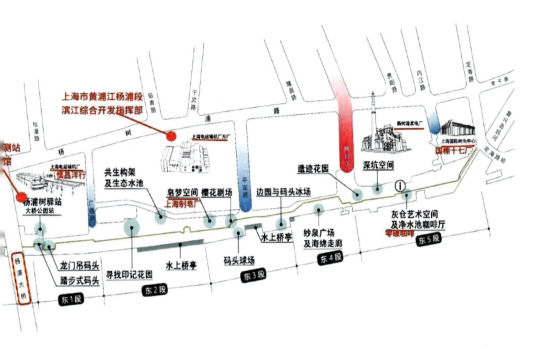

90万余人次。

在原杨浦滨江人民城市建设规划展示馆基础上，杨浦区又升级建设"上海人民城市重要理念实践展示馆"，布展面积约1 500平方米，更加丰富多元、生动立体地展示"人民城市"重要理念的思想内涵和上海建设人民城市的鲜活实践。同时，设置人民城市直播间，推进"人民城市"重要理念的更好宣传和国际化传播，进一步打造宣传展示"人民城市"重要理念的阵地和窗口。

图7-2 杨浦滨江人民城市建设规划展示馆外景（来源：董鹏飞）

图7-3 杨浦滨江人民城市建设规划展示馆二楼公共空间（来源：董鹏飞）

图7-4　展馆内人民城市杨浦故事展示区（来源：董鹏飞）

图7-5　展馆内书香空间（来源：董鹏飞）

图7-6　上海"人民城市"重要理念实践展示馆外景效果图（来源：中共上海市杨浦区委宣传部）

图7-7　上海"人民城市"重要理念实践展示馆内景效果图（来源：中共上海市杨浦区委宣传部）

2024年7月31日，中共杨浦区第十一届委员会第九次全会召开，审议通过《中共杨浦区委关于贯彻落实党的二十届三中全会和十二届市委五次全会精神，进一步全面深化改革、推进中国式现代化，在打造人民城市最佳实践地中干在实处走在前列的意见》，提出杨浦要在打造人民城市最佳实践地中干在实处、走在前列，要勇担人民城市建设新使命、激发人民城市发展新动能、创造人民城市美好生活新图景、开辟人民城市治理新路径、展现人民城市党的建设新气象。

15.5公里的杨浦滨水岸线，犹如一张弯弓，"百年大学、百年工业、百年根脉、百年市政"的历史文化底蕴，在昔日的"工业锈带"蝶变历程中为其塑"形"、注"魂"、强"骨"。杨浦滨江正以一系列生动实践全面践行"人民城市"重要理念，让人民群众真切感受"城市，让生活更美好"。

下一步，杨浦将以更高的站位、更大的谋划、更快的速度打造人民城市"样板间"、塑造滨江区域"活力场"、激发创新发展"动力源"。杨浦滨江南段将围绕人民城市建设示范区和世界级滨水区的目标，建设"世界创新要素的交汇枢纽"，塑造标志性滨江景观形象的空间格局，充分传承百年工业遗产与里弄历史风貌。杨浦滨江中北段将以未来产业加速器、应用场景试验场、复合利用先行区为目标，规划成为科技创新"金三角"和产城融合发展"第三极"。

杨浦滨江正书写着一页页精彩的人民城市篇章，全力打造属于人民、服务人民、成就人民的人民之城，正在成为世界一流滨水岸线的新典范。

未来，杨浦滨江将坚持人民城市的根本属性，按照人民城市"五个人人"的努力方向，将"人民城市"重要理念体现在人民群众的共同实践和切身感受中，创造更加美好的生活、更加幸福的生活。

图 7-8　杨浦滨江全景图（来源：杜晓荣）

附录　特别鸣谢

（排名不分先后）

中共上海市杨浦区委办公室

上海市杨浦区人民政府办公室

中共上海市杨浦区委组织部

中共上海市杨浦区委宣传部

上海市杨浦区文化和旅游局

中共上海市杨浦区委党史研究室（上海市杨浦区地方志办公室）

上海市杨浦区人民建议征集办公室

上海市杨浦区科技和经济委员会

上海市杨浦区人力资源和社会保障局

上海市杨浦区生态环境局

上海市杨浦区体育局

上海市杨浦区人民政府大桥街道办事处

上海市杨浦区人民政府长白新村街道办事处

共青团上海市杨浦区委员会

上海市杨浦区妇女儿童工作委员会

上海市杨浦区残疾人联合会

上海市杨浦区融媒体中心

上海市杨浦区旧区改造指挥部办公室

上海市杨浦滨江综合开发管理指挥部办公室

上海杨浦科技创新（集团）有限公司

上海杨浦滨江投资开发（集团）有限公司

杨浦滨江人民城市建设规划展示馆

世界技能博物馆

笔墨宫坊

后　记

　　《人民的城市——档案里的城市记忆（杨浦卷）》是本系列丛书的首卷，在"人民城市"重要理念提出五周年之际与大家见面了。这是上海市档案局（馆）、杨浦区档案局（馆）及各相关单位通力合作、密切配合的成果，也是全体编撰人员辛勤努力、倾力付出的结果。

　　本书的编撰得到杨浦区委的高度重视，也得到了上海理工大学、上海海洋大学以及杨浦区各相关单位的鼎力支持。中国出版集团东方出版中心的工作人员为本书出版付出了辛勤的劳动。在此一并表示衷心的感谢！

　　本书编撰人员来自上海市档案局（馆）、杨浦区档案局（馆）、上海理工大学档案馆以及上海海洋大学档案馆。第一章《萌发》第一节、第五节由徐烜编写，第二节由何品编写，第三节由秘薇编写，第四节由肖琳琳、宁波编写。第二章《烽火》第一节、第二节、第五节由彭绍钧、管珉编写，第三节由孔娜编写，第四节由刘伟编写。第三章《新生》第一节由管珉编写，第二节、第三节、第四节由王春楣编写，第五节由吴禹星、宁波编写，第六节由张静楠编写。第四章《蝶变：利民惠民的滨水岸线》、第五章《蝶变："活"在滨江的百年工业遗产》、第六章《蝶变：活力四射的"四宜"滨水江畔》以及第七章《奋进和展望》由彭绍钧、孙良编写。本书中上海市档案馆馆藏照片的整理编辑工作由徐珂承担，第一章至第三章部分章节的汇总协调工作由陈梦圆承担。

编撰过程中，我们参考了《激荡百年——中国共产党在杨浦图史》《赓续百年——中国共产党在杨浦故事》《大道百年——中国共产党在杨浦纪事》《百年工业看杨浦》《百年市政看杨浦》《杨浦百年史话》《蝶变：工业遗产保护利用上海杨浦实践》《新时代非凡十年的杨浦答卷》《杨浦区滨江发展"十四五"规划》《杨浦滨江全力争创人民城市建设示范区三年行动计划（2020—2022年）》《杨浦滨江全力争创新时代人民城市建设示范区三年行动计划（2023—2025年）》等资料以及相关行业志。

本书内容时间跨度长，囿于篇幅与编者水平，书中难免存在疏漏及不足之处，希冀广大读者予以批评指正。

编　者

2024 年 8 月